高等职业教育
创新教学模式研究

范　恒◎著

吉林出版集团股份有限公司

图书在版编目（CIP）数据

高等职业教育创新教学模式研究 / 范恒著. — 长春：
吉林出版集团股份有限公司，2023.4

ISBN 978-7-5731-3042-6

Ⅰ．①高… Ⅱ．①范… Ⅲ．①高等职业教育—教学模
式—教学改革—研究—中国 Ⅳ．①G719.2

中国国家版本馆CIP数据核字（2023）第045706号

高等职业教育创新教学模式研究

GAODENG ZHIYE JIAOYU CHUANGXIN JIAOXUE MOSHI YANJIU

著　者	范　恒
责任编辑	齐　琳
封面设计	林　吉
开　本	787mm×1092mm　　1/16
字　数	233千
印　张	10.25
版　次	2023年4月第1版
印　次	2023年4月第1次印刷
出版发行	吉林出版集团股份有限公司
电　话	总编办：010-63109269
	发行部：010-63109269
印　刷	廊坊市广阳区九洲印刷厂

ISBN 978-7-5731-3042-6　　　　　　　　　　　　定价：78.00元

前　言

　　高等职业教育是"以服务为宗旨，以就业为导向"为办学宗旨，"以学生为中心，以职业能力为本位"为人才培养目标，其促使我国职业教育教学必须进行改革与创新，因为只有这样才能打破以往发展的"瓶颈"。近年来，在我国的高职教育教学实践过程中，我们也时常听到"教学改革""创新教育""探究学习""新课程教育教学"等"高出镜率"的词汇，"改革"一词成为教育教学专家、教学一线的教师一致的呼声。但是怎么改，具体应该怎么操作，却是各说各的，很难形成共识。

　　教学模式既是一个理论问题，也是一个实践问题。教学模式是理论教学和实践教学的一个中介，起着承上启下的作用，它既要有教学理论作为指导，又要为教学实践提供操作程序。教学模式建设要把教学目标、理论基础、实践能力、教学程序、教学策略合理整合，一步步做好培训工作。专业理论知识是指导学生技能训练必备的知识，没有理论知识指导下的实践是盲目的实践。专业理论知识也是学生终身学习发展的基础，我们切不可忽视。专业技能是职业教育的归宿，是职业教育教学工作的重中之重，是"能力本位"的核心。

　　我国高等职业教育发展的历史相对较短，很多高职院校都是由原来的中专院校重组、合并而成的，虽然在规模上、硬件设施上都有一定的提升，但是真正符合高职教育规律的课程体系并没有很好地建立起来，在很大程度上还处在起步阶段。所以，当前我国的高等职业教育院校应着重从专业课程设置、师资队伍建设、教育教学模式、评价体系等方面入手，进行改革，以"培养人、发展人"理念为目标，以期切实改变高等职业教育"水平不高、技能不强、适应能力差、就业困难"的现状。

范　恒

2023 年 12 月

目　录

第一章　高等职业教育发展研究 ……………………………………………… 1

　　第一节　国外高等职业教育 ………………………………………………… 1

　　第二节　国内高等职业教育 ………………………………………………… 7

　　第三节　高等职业教育与工匠精神 ……………………………………… 10

　　第四节　高等职业教育发展的驱动力 …………………………………… 14

　　第五节　新时代高等职业教育的模式 …………………………………… 20

　　第六节　高等职业教育面对的挑战与对策 …………………………… 30

第二章　高等职业教育教学改革研究 …………………………………… 33

　　第一节　互联网与高等职业教育 ………………………………………… 33

　　第二节　高等职业教育校企深度合作 …………………………………… 35

　　第三节　企业参与高等职业教育治理 …………………………………… 37

　　第四节　慕课对高等职业教育的影响 …………………………………… 41

　　第五节　高等职业教育特色之逆向思辨 ………………………………… 46

　　第六节　高等职业教育社区化办学的探索 ……………………………… 52

第三章　高等职业教育创新教学模式 …………………………………… 58

　　第一节　加拿大高等职业教育的模式 …………………………………… 58

　　第二节　高等职业教育学徒制培养模式 ………………………………… 61

　　第三节　智能化创造与高等职业教育模式 ……………………………… 65

　　第四节　高技能人才紧缺与高等职业教育模式 ………………………… 72

　　第五节　高等职业教育"1+X"人才培养模式 …………………………… 78

　　第六节　高等职业院校服务社区教育发展模式 ………………………… 80

第四章　高等职业教育专业建设 ·· 88

 第一节　高等职业教育专业教学标准建设 ·· 88

 第二节　高等职业教育专业建设实施 ·· 93

 第三节　产业集群与高等职业教育学院建设 ······································ 99

 第四节　高等职业教育的专业群建设 ·· 104

 第五节　高等职业教育课程内涵建设 ·· 111

 第六节　高等职业教育专业评估的价值 ··· 115

 第七节　高等职业教育与社会需求专业体系建设 ······························ 121

第五章　高等职业教育的实践应用研究 ·· 126

 第一节　产教融合背景下的高等职业教育应用 ·································· 126

 第二节　虚拟现实在高等职业教育中的应用 ····································· 130

 第三节　信息化教学在高等职业教育中的应用 ·································· 132

 第四节　大数据在高等职业教育中的应用 ·· 134

 第五节　质量管理体系在高等职业教育中的应用 ······························ 138

 第六节　OBE 在我国高等职业教育改革中的应用 ······························ 144

 第七节　CIPP 在高等职业教育课程评价中的应用 ···························· 152

参考文献 ·· 156

第一章　高等职业教育发展研究

第一节　国外高等职业教育

职业教育是近年来教育学领域研究的热门课题之一。本节在回顾相关文献的基础上，介绍了世界上多个比较有代表性的国家职业教育模式及发展情况，分析比较了这些国家的职业教育在制度架构、模式和教育理念等方面的特点，并揭示了国外职业教育对我国的启示与借鉴。

作为高等教育机构之一，培养适应高度信息化社会和国际化时代的人才，实施具备专门化、信息化、世界化的实用性特色教育，采取产、学、研相结合的方式，为国家和地区经济的发展做出贡献，并且通过完善的大学文化体制促进社会文化不断向前发展，都是职业教育院校共同奋斗的目标。而国外，特别是发达国家在这一方向上的发展与努力，值得我们学习和借鉴。

一、国外高等职业教育模式简介

（一）德国"双元制"模式

德国"双元制"模式，是 20 世纪 20—50 年代后期逐步形成的，是一种青少年既在企业里接受职业技能培训，又有部分时间在职业学校里接受专业理论和普通文化知识的教育形式，它将企业与学校、理论知识和实践技能教育紧密结合起来，是一种主要以培养专业技术工人为目标的职业教育制度。

"双元制"职教体制下的学生具有双重身份：职业学校的学生和企业的学徒；有两个学习地点：职业学校和企业。企业的大部分培训是在工作岗位上由具备实践经验的培训教师按照培训大纲实施，而学校的理论教学主要是在课堂上进行，同时辅以部分实践操作。

（二）美国 CBE 模式

CBE 即 Competence Based Education 的缩写，中文即"以能力为基础的教育或能力本位教育"。其产生于"二战"后，现广泛应用于美国、加拿大等北美国家的职业教育中，较为先进。概括地说，CBE 理论是以能力为基础，强调能力培养、能力训练的教育教学思想体系。以 CBE 为核心的能力本位职业教育是一种以满足企业需求为目的、以实际能力培养为主的职业教育。它以全面分析职业角色活动为出发点，以提供产业界和社会对培训对象履行岗位职责所需要的能力为基本原则，强调学员在学习过程中的主导地位，其核心是使学员如何具备从事某一职业所必需的实际能力。

美国的能力本位职业教育教学体系大致包括五个组成部分：市场调查分析、能力图表的确定、学习包的开发、教学实施、教学管理。

（三）澳大利亚 TAFE 模式

TAFE 是 Technical And Further Education 的简称，中文意思是"技术和继续教育学院"。TAFE 是高级职业教育机构，类似于我国的高等职业技术学院。

和大学一样，TAFE 是澳大利亚高等教育非常重要的一部分。其目的主要是培养具有高度专业知识和技术的人才，课程的设置是专业性和实用性并重，教学内容是教学工作和课堂教学相结合。TAFE 教育不仅可以提供证书、文凭，还有和大学衔接的课程，可以为学员继续攻读学士学位甚至是更高学位提供有利的条件，因此，它在澳大利亚深受欢迎，是未来职业发展的最佳选择，拿到 TAFE 文凭的毕业生可以直接进入每个行业当中大显身手。

（四）英国 BTEC 模式

BTEC（Business &Technology Education Council）是英国"商业与技术教育委员会"的简称。1986 年，英国两大职业评估机构"商业教育委员会"（BEC）与"技术教育委员会"（TEC）合并而成 BTEC，1996 年又与伦敦考试与评估委员会合并，更名为"英国爱德思国家学历及职业资格考试委员会"（Edexcel Foundation），成为英国最大的考试认证机构。爱德思是英国教育部授权成立、监管的机构，从事学术教育、学历评审以及资格认定等工作。它是国际性教育组织，全球共有 100 多个国家的 57000 所教育机构操作运行爱德思的课程，其颁发的 BTEC 证书被世界大多数国家所认可。

目前英国的 BTEC 课程分为文凭课程（Diploma）和证书课程（Certificate）两类，从级别上分为初级（First）、中级（National）和高级（Higher National），共涉及 9 个大类、上千门专业，涵盖许多实用领域，如设计、商业、护理、电脑、工程、酒店和餐饮、休闲和旅游等，其资格证书通过在学校、学院或大学以及工作场所的学习予以获得。BTEC 国家高级证书 HNC（Higher National Certificate）和国家高级文凭 HND（Higher National Diploma）课程都以职业为对象，英国的大多数大学和高等教育机构都设置了这些资格课程。学生通常需要两年到三年的时间进行学习，但其中有很多都要求具备一段工作经历,读完后即可取得高级国家文凭 HND,相当于英国大学二年级的水平(英国大学学制为三年),相当于我国的大专文凭。这些毕业生可以申请直接进入相关院校读本科最后一年取得学士学位,是另一种代替普通中学教育证书和大学预科高级水平考试的证书。BTEC 国家证书及文凭与高级教育证书大致相同。

二、国外高等职业教育模式特点

(一)法律法规体系健全

在德国,规范职业教育的法律、法规很多,基本法律有三个,即联邦《职业教育法》、联邦《职业教育促进法》和《手工业条例》。此外,还有《青年劳动保护法》《企业基本法》《培训员资格条例》等。正是这些法律、法规,同时还有一套包括立法监督、司法监督、行政监督、社会监督在内的职业教育实施监督系统,使得德国的职业教育在培养目标、专业设置、经费来源等方面均有了明确而具体的要求,保护了学生接受职业教育的权利,规定了企业和学校"双元"打造技术人才的义务,进而完善了职业教育的管理,促进了职业教育健康有序的发展。

英国也首先从法律法规上明确了职业教育的作用和地位。英国各个时期都是通过立法来调整和引导职业教育的发展。"二战"末期,为复兴战后的英国教育,以丘吉尔为首的联合政府颁布了著名的"巴特勒法案",规定英国的公共教育体系分为初等教育、中等教育和继续教育三个相互衔接的阶段,确立了职业教育在中等教育和继续教育中的地位,对英国职业教育的发展具有划时代的历史意义。1966 年,英国工党政府发表了《关于多科技术学院和其他学院的计划》的白皮书,正式给予了多科技术学院与普通学历教育同等的地位。在 1986 年发表的白皮书《齐头并进——教育与培训》中,政府提出了新的职业资格体系,即国家职业资格,拉开了职业资格改革的序幕,并于 1988 年的《教育改革法》中正式予以确认。20 世纪 90 年代,针对 21 世纪的人才需求,英国政府颁布了《21 世纪的教育和训练》白皮书以及《国家教育和培训目标》等法规,把加强职业教育与培训、提高素质摆在突出的位置上。此后,又颁布了《学习的时代:一个新的不列颠的复兴时代》绿皮书,提出了产业大学的试点计划。这些涉及职业教育的法律法规对于英国职业教育的发展发挥了至关重要的推动作用。

(二)校企合作,社会需求主导职业教育发展

职业教育的根本目的是要解决学校教育滞后于社会发展需要的问题,不断提高劳动力适应社会需求的能力。

20 世纪 80 年代以来,英国职业教育发展呈现出的明显特点之一,就是教育部门与产业界的伙伴关系日益加深,产业界成了职业教育发展的先导,越来越多地参与职

业教育活动或直接对员工进行职业培训，影响和推动了英国职业教育向适应社会需求的方向发展，英国职业教育的灵活性日益显现。

在德国，企业均把职业教育作为"企业行为"来看待，企业内不仅有相应的生产岗位供学生生产实践，还有规范的培训车间供学生教学实践；不仅有完整的培训规划，还有充足的培训经费；不仅有合格的培训教师和带班师傅，还有相应的进修措施。这一切均使"双元制"的"机制层面"更为健全、更为完善，从而使整个职教体系得以有效而顺利地开展。

在澳大利亚，强调和行业的紧密联系，充分发挥行业的主导作用是其职业技术教育的一大特色。在多年的职业教育改革和探索中，逐渐形成了以行业为主导的职业教育制度，极大地支持和推动了 TAFE 的可持续发展，形成了产学研一体化发展的良好局面，也成为 TAFE 备受青睐和称赞的主要原因之一。其中，行业主导着有关职业教育和培训的宏观决策，参与 TAFE 学院办学的全过程，负责教学质量评估，以及投资岗位技能培训。此外，澳大利亚及各州还设有产业培训理事会作为培训的顾问机构，发挥着纽带和桥梁的作用。产业培训理事会一头连着产业，另一头连着国家培训管理局、各州教育培训部及其 TAFE 学院。一方面，行业根据雇主提出的专门培训要求，向 TAFE 学院拨款开展培训，据估计，行业每年用于各种形式的培训费约为 25 亿澳元；另一方面，学院也必须依靠企业，为企业"雇主"服务。

（三）建立国家统一的证书、文凭和学位框架

澳大利亚为十年制义务教育之后的教育和培训建立了全国统一的、与工作岗位相对应的教育和培训证书体系，它包括证书Ⅰ、证书Ⅱ、证书Ⅲ、证书Ⅳ、普通文凭、高级文凭、第一学位、高级学位。在该证书体系内，低一级与高一级证书（文凭、学位）之间建有衔接关系：学生在取得证书Ⅰ之后，再学习几个模块，即可取得证书Ⅱ；余者类推。在普通高中教育阶段，学生就可以自由地选择证书Ⅰ和证书Ⅱ要求的职业教育课程；高中毕业进入 TAFE 学院后，在高中教育阶段所得的职业教育课程的学分可以得到承认，即不必从头学起，可直接学习后续的课程模块。学生从 TAFE 学院毕业后，也可以进入大学学习，其在 TAFE 学院学习的相关专业的课程全部或部分得到承认，这为 TAFE 学院毕业生进一步深造取得大学学位创造了条件。由于课程一般为模块式的，学生可以进行全日制学习，也可以在就业后进行部分时间制学习，使就业前教育和就业后教育有机结合起来。

在英国，政府允许职业技术教育与普通的学科教育之间互相转学，即中学毕业后（16 岁后），学生可以选择进普通学校（ALEVELS）继续学习，也可以选择进职业技术学校按 GNVQ 或 NVQ 学习，这三者之间可以互相转学。接受职业教育获得 GNVQ 高级证书或 NVQ 三级证书者，既可以就业，也可以免试直接升入大学攻读学士学位，

还可以继续沿着职业教育的途径取得 NVQ 四级、五级证书，其学历资格相当于学士学位。之后，还可以再攻读硕士、博士学位。这从根本上改变了社会鄙视职业教育的传统观念。

（四）先进的教育理念

与传统教育相比，英国 BTEC 模式确立了一种新的教育理念，即以学生为中心的理念成为 BTEC 管理者和教师的共识。考核发证主管部门在这一指导思想下开发课程、设计教学目标，教师在这一理念下从事教学活动。BTEC 强调学生是学习的主人，强调学生的自主学习，学校应为学生的学习服务。教学过程重视学生的个性发展，鼓励个人潜能的开发。BTEC 的教学大纲、教学方法、"任务法"的考核评估方式以及完善的学习支持系统的建立等都体现出以学生为中心的思想。

德国"双元制"也是一种以实用为本位的模式，强调技能和实践能力的培养，旨在培养学生将来在社会上就业、适应、竞争和发展的能力，在工作中具体地发现、分析、解决和总结问题的能力及其操作、应用、维护和维修能力，以及独立、协作、交往、自学等一系列关键能力。

美国能力本位职业教育理论也强调了学生自我学习和自我评价，教师是学生学习过程的指导者和管理者，负责按照职业能力分析表所列的各项专业能力开发模块式的学习套件，建立学习信息资源室；学生要按照学习指南的要求并根据自己的实际制订学习计划，采用自己的方式进行学习；学生在完成学习任务后先进行自我评价，当自认为达到要求时再由教师进行考核评定。这就确立了以能力标准为参照评价学生多项能力的标准参照评价模式。

三、国外高等职业教育模式的启示

改革开放 40 多年来，中国高等职业教育快速、持续发展，高等职业教育的教学逐步规范，办学规模迅速扩展。虽然中国的职业教育在体制、规模、层次、效益等诸多方面取得了长足的发展，但依旧面临着众多障碍和困惑。如职业教育的最高层次仍然定位在专科，并且具有教育终结性，在人们心中的地位较低，被看成是"次等教育"；从官方到民间，对职业教育重视不够、政策不配套、认识不到位、办学不规范、特色不显著、投入无保证等因素，依然制约着中国职业教育的发展。国际职业教育中的特色教育，为中国职业教育的发展提供了广阔的想象空间与借鉴模式。

（一）政府高度重视与支持

在发达国家职业教育的发展过程中，政府扮演了很重要的角色，主要通过研究和分析问题、制定法律和政策、财政资助，以及鼓励和引导组织、个人参与职业教育活动，领导和组织实施职业教育的各种行动计划等手段来发挥积极作用。因此，我国各级政府应该提高对职业教育的认识，高度重视职业教育的发展，不仅要从教育角度，更要从带动产业创新、支持科技进步、促进经济发展、保障公民权利、优化劳动就业、维护社会稳定等角度来审视职业教育，从政策的引导、法规的制定、经费的投入、督促协调等给予全方位的支持。

（二）健全职业教育立法，完善职业教育体制

大力优化发展职业教育的法制环境，坚持依法治教。认真贯彻落实《中华人民共和国职业教育法》（2022年修订）和《国务院关于大力推进职业教育改革与发展的决定》（2002年），加大宣传力度和执法力度，狠抓各项政策的落实，保障职业教育的可持续健康发展。落实各级政府、部门、行业组织、企业举办职业教育的责任，健全职业教育保障体系。

（三）职业教育与产业界、劳动市场的密切配合

国际上职业教育体系大都由大学、企业、社会团体、私人四个系统组成。广开学路，不仅意味着多系统办学，而且课程的种类、深度、组织形式也多种多样，适合不同层次学习者的需要，这些都是值得我们学习和借鉴的。我国职业教育学习内容比较单一，多为学术性的，实用性不强。因此，要重点扶持一批具有现代教学设施、有丰富教学经验和一流管理水平的职业院校作为我国专业技术人才的职业教育基地。

职业教育的课程设置本就具有职业定向的特征，表现在职业教育是以就业为导向，培养社会职业工作岗位第一线从事操作、服务或管理的技能型人才，这就决定了企业是职业教育产品的接受者、检验者、使用者，更是职业教育的直接受益者。因此，职业教育只有与企业密切联系，让企业更多地参与其中才能培养出企业所需要的人才。同时，企业作为职业教育的受益者，理应承担相应的义务。

（四）树立"学习用户"运行理念，实现我国职业教育创意、信念、贡献的办学理念

高等职业教育的培养目标和特征决定了职业技术人才的培养必须要坚持以能力培养为本位。职业教育的目的：立足于国家的教育理念，研究和教授人类社会发展的各种必需的理论和实际应用方法，培养为社会各个领域做出贡献的指导性人才。职业教育的培养目标：培养适应高度信息化社会和国际化时代的人才；实施具备专门化、信息化、世界化的实用性特色教育；采取产、学、研相结合的方式，为国家和地区经济的发展做出贡献；通过开放式教育、终生教育为教育的发展做出贡献；通过完善的大学文化体制促进社会文化不断向前发展。

（五）推行适合中国职教发展需要的"双师型"师资队伍建设

教师的进修是建立"双师型"师资队伍的重要组成部分。要根据教师的不同情况，

进行不同程度的进修，可允许长期培训与短期培训、在职进修与脱产进修、系统培训与部分培训等多种形式交替进行。要重视教师的综合素质培训，更新教学内容，转变传统的教育思想，完善教育方法。同时，对富余职教教师进行转换专业的培训，以解决教师总体缺乏和结构不合理的现象；对学历低的教师应该加强文化水平的提高和专业技能培训。

在师资培养方面，一方面要通过高等院校培养大批高学历、高质量的人才，提高师资队伍的学历水平、知识水平；同时，高等院校要与企业进行紧密结合，在提高知识水平的同时，也要加强教师实践本领与技能的训练。另一方面，从社会上大量选聘专业技术人员到师范院校学习基础文化知识，学习时间至少要一年以上，以保证教师综合素质的质量。修完基础文化课程以后，必须参加全国教师资格考试，通过考试合格者才有资格做职业学校的教师。职业学校还可以聘用兼职教师，如招聘一些具有丰富实践经验的企业家或生产一线的技术工人作为兼职教师或客座教授，即实践指导型教师。

第二节　国内高等职业教育

一、高质量、内涵化发展

改革开放 40 多年来，我国高职教育经历了全面恢复、初步创立、规范发展、规模发展、内涵发展五个发展阶段。

教育部提出了实施中国特色高水平高职学校和专业建设计划的意见及职业院校专业人才培养方案制订与实施工作的指导意见，以专业群建设为核心的发展思路促进高职院校加快校企合作，进一步提升质量，向类型化教育转型。由此可以看出要加快发展职业教育，培育质量文化，促进高职院校内涵化发展，是高职院校迫在眉睫的问题，也是其必然的发展方向。

二、体系化、类型化发展

1985 年，《中共中央关于教育体制改革的决定》首次提出应积极发展高等职业技术院校，逐步建立"职业技术教育体系"。1991 年，《国务院关于大力发展职业技术教育的决定》提出初步建立起有"中国特色的职业教育体系"。2010 年，《国家中长期教育改革与发展规划纲要（2010—2020 年）》中提出形成"现代职业教育体系"的构想。

虽然我国提出建设职业教育体系的构想较早，但其建设却一直处于迟缓状态。

2014年，《现代职业教育体系建设规划》提出要"探索发展本科层次职业教育""引导一批普通本科高等学校向应用技术类型高等学校转型，重点举办本科职业教育""系统构建从中职、专科、本科到专业学位研究生的培养体系"。职业教育的体系化建设节奏加快。2015年，教育部下发《关于引导部分地方普通本科高校向应用型转变的指导意见》，这个意见极大地推动了应用型本科与中等职业教育、专科层次高职教育的衔接。2019年，教育部同意15所"职业学院"更名为"职业大学"，成为本科职业院校，使本科层次职业教育向前迈向重要一步。目前为止，我国初等职业教育逐渐消失、体系底部抬高，本科层次职业教育开始显现，专业学位研究生教育逐渐成熟、体系短板趋向补齐。

职业教育内部体系化的形成推动着职业教育的类型化发展，2019年国务院印发的《国家职业教育改革实施方案》中进一步明确了职业教育的类型化特征，将其与普通教育区分开来，指出两者虽然同等重要，但并不相同。作为一种类型教育，高职教育与本科教育呈现出明显差异，随着"高职高考"制度的逐步建立，"双师型"教师队伍的构建，实验实训基地建设和高比例实践课、学分银行制度、1+X证书制度、技能大赛和职教活动周、校企合作等举措的落实，将进一步促进职业教育特色办学制度和政策的完善，从而深化高职教育的类型化发展。

三、校企一体、产教融合

职业教育的一个显著特点是校企合作、产教融合，不论是德国的"双元制"，还是北美的CBE模式、澳大利亚的TAFE模式，都将培养"职业能力"作为核心，都极其注重和加强学生在企业的实践活动。中共中央、国务院于2010年印发的《国家中长期教育改革和发展规划纲要（2010—2020年）》提出要制定校企合作办法法规，促进校企合作制度化发展。2014年，国务院提出了深化校企合作、产教融合，完善校企合作育人的机制。订单式培养模式和现代学徒制是推进校企合作的两个主要模式，从2015年8月，教育部遴选现代学徒试点单位以来，全国已经有562家单位成为现代学徒制试点单位。通过试点单位深化和推进产教融合，促进"引企入教"和"引教入企"。2018年，教育部发布了《职业学校校企合作促进办法》，该办法为校企合作提供了合作模式，并从制度上提出了校企合作的促进措施和监督检查机制。

国家从政策层面促进企业在专业设置、课程教材、培养方式、岗位资格认定等教学实践中有更多主动性和自主权，助推更多企业把握全球产业发展、国内产业升级新机遇，主动推动高职院校专业建设与产业发展相适应，真正将校企联合育人的职业教育特色落到实处。

四、普及化

从高等教育的发展规律和高职教育特殊类型及其承担的重要使命来看，我国高职教育未来将走向普及化。"世界高等教育发展经历了精英化时代、大众化时代和普及化时代。"这里所说的"普及化"主要指的是入学率和总体规模，高职教育的普及化也是从这个层面来说的。高等职业教育是高等教育的重要组成部分，也是构建学习型社会和终身教育体系的关键链条。高等职业教育在成人高等教育和社会各类劳动力资源的职业教育上有更强的灵活性，比普通本科教育在入学方式、就读方式等方面有更加多样的形式，因而其普及化的优势较为明显。

五、国际化

全球经济正在加速融合、高度关联，产业的国际化要求教育必须面向国际，对于承担着输送制造业人才和高端技术人才的高职教育来说，其发展也必将走国家化道路。

中共中央、国务院在 2019 年印发的《中国教育现代化 2035》提出，我国教育应该积极参与国际教育的规则、标准，参与研究制定评价体系。发达国家高职教育不仅在学生交流上追求国际化，而且在教师交流、专业布局、院校建设等各个方面均有国际化视野。其国际化引进来、走出去的成功经验值得借鉴，也是我国高职教育未来发展的方向。

六、信息化

全球正处于信息化时代，"一带一路"、"互联网＋"、大数据、云计算、人工智能、智慧校园、教育扶志等均是时代主题。教育信息化是顺应时代发展要求、培养符合时代需求的合格人才以及提高教育资源利用率的必然之路。《中国教育现代化 2035》就提出了要加快建设教育信息化，构建智能化校园、一体化智能化教学和管理服务平台。

早在 2010 年，教育部就提出了高职院校专业教学资源库建设项目。2015 年，教育部下发了《职业院校数字校园建设规范》，到目前为止，已经公布了三批"职业院校数字校园建设实验校"名单，累计有 428 所院校入选。2017 年，教育部提出了指导意见，进一步推进职业教育信息化发展。2018 年，教育部发布了《教育信息化 2.0 行动计划》。除此以外，国家连续三年印发《信息化和网络安全工作要点》，指导和推动职业院校的数字资源应用共享项目、"职业岗位核心能力精品课"的建设和职业教育专业教学资源库建设。教育部通过多项政策使优质专业教育资源惠及更多院校，大力推进教育信息化工作，促进精品课程、数字校园、智能教育发展。信息化不仅是时代的主要发展方向，也是职业院校适应社会发展，提高教学能力和教育资源利用率的主要方式，是其主要发展趋势之一。

第三节 高等职业教育与工匠精神

伴随着我国教育体制改革的稳步推进以及现代教育思想的深入推广，职业教育在我国教育体系中所占的地位也越来越高，尤其是在创新实践型人才培养的要求下，如何就现有高职教育模式进行创新，已经成为高职教育发展过程中面临的主要问题。对此，本节基于高等职业教育工作中十分重要的工匠精神培育工作，详细阐述了增强高职学生工匠精神的具体策略，旨在给予广大高职院校可行的帮助和建议，并以此促进高职教育事业的进一步发展和进步。

自 2016 年工匠精神首次进入政府工作报告后，就学生工匠精神进行培育已经成为高职教育的重要教育内容。但是，从目前来看，其受制于文化环境、社会环境、教育水平等多方面因素制约，当前高等职业教育仍存在教育思想落后、教育方法单一等方面问题，这不仅严重影响了学生的职业素养，同时也不利于高职教育事业的健康发展。对此，基于实际情况探究高等职业教育工匠精神培育的具体路径，符合高职教育的发展需求，值得给予足够重视。

一、高等职业教育中工匠精神的基本概念和主要内容

（一）精益求精的务实精神

在《大学》中，"如切如磋者，道学也"明确指出了精益求精的务实精神在人思想中的重要地位，对此，务实精神同样也是高职教育工匠精神中的关键一环。其中，务实精神不仅包括对工作岗位专注、负责的踏实工作态度，同时也涵盖坚持创新、挑战自我的奋斗精神，是学生从事职业工作的基础素质。

（二）严谨专注的质量精神

在我国基础生产工作中，保障产品质量始终是确保行业持续发展的关键前提，因此，对于高职学生来说，质量精神同样是其工匠精神中的重要组成部分。所谓的质量精神，一方面可指对产品质量不断突破的进取意识，另一方面也可包括认真工作，始终坚持把工作做到完美的耐心工作态度。

（三）虚心认真的协作精神

在职业工作中，团队协作往往是决定各项生产工作中生产效率的关键因素。因此，在培育高职学生工匠精神时，也应就其虚心认真的协作精神进行培养，即引导学生具备充足的责任意识，并在坚持做好自身岗位工作的基础上不断进行职业交流，最终以此确保各项工作的协调进行。

（四）执着坚持的敬业精神

在职业工作中遇到问题进行大胆质疑，并坚持做好本职工作，这是工匠精神中敬业精神的主要体现。对于高职学生来说，很多学生并非不具备充足的职业能力，而是缺少应有的职业精神，因此，只有进一步对学生的岗位责任意识进行激发，并帮助他们形成较强的工作观念，才能确保其从事工作的积极性，从而保障职业工作的效率和质量。

二、高等职业教育中学生工匠精神缺失的具体原因

（一）文化歧视层面

目前来看，文化歧视因素仍是制约高等职业院校学生工匠精神提升的关键原因。在现有教育环境下，多数公众认为本科教育才是学生发展的正确道路，这使得高职教育难免会受到社会歧视，并导致高职学生自我学习意识受到严重限制。同时，在我国"劳心者治人，劳力者治于人"传统思想的影响下，工匠工作在我国职业体系中仍处于较低的地位，这使得多数家长并不希望自己孩子成为一线工人，进而同样也在很大程度上影响了学生工匠精神的有效培育。

（二）社会环境层面

基于社会环境层面，伴随着我国经济政策的逐步下发以及改革开放进程的进一步推进，人们的生活质量已经得到显著改善，但是，从目前来看，受制于利益至上的经济发展思想以及日益复杂的互联网环境，人们更加喜欢从事互联网等"短平快"行业，这使得传统工匠培育环境受到严重影响，不仅不利于培育良好工匠氛围的有效形成，同时也在很大程度上阻碍了当代学生的思想成长，最终使学生很容易产生浮躁、逆反的心理，并导致其工匠精神显著降低。

（三）教育体制层面

针对现行高职教育体制，抛开教育行业对高职教育的不认可和不重视，单是高职学生本身素质较差所致的教育难题便足以让工匠精神的培育面临较大困境。由于当前进入高职院校的学生多为高考失利的学生，因此其不仅表现出很普遍的社会逆反现象，同时也极不配合学校的管理教育，进而导致很多高职院校只能通过强制化管理规定来

约束学生，不仅不利于培育学生的自主学习意识，同时也不能使学生具有应有的职业工作态度和岗位责任意识，最终影响了学生的终身发展。

（四）办学水平层面

除教育体制外，由于高职院校本身资金引入力度远不如本科院校，因此其无论是师资力量还是教育环境均相对较差。例如，针对航空服务、日语等新兴专业，很多高职院校虽已经开设了相关专业，但却表现出较为严重的"先有学生后有教师"问题，因此不仅不利于院校办学水平的真正提高，同时也使得职业教育所强调的实践能力培养形同虚设。此外，在实际教学过程中，多数教师的教学思想相对落后、教学方法较为单一，这使得教学效果始终无法达到应有标准，进而也同样在很大程度上影响了学生工匠精神的有效培育。

（五）教学模式层面

在教学模式层面，因校企联合机制不健全所致的重理论、轻实践问题依旧存在。现今高等职业教育虽然依托于现代学徒制等新型教育机制的有机应用，一些高职院校已经拥有了较为不错的实践教育环境，但由于现行多数国内企业仍以获取经济利益为主要发展目标，因此不仅学生的切实利益无法得到保障，同时学生的实践学习环境也相对较差。此外，受制于实践教育思想的落后，很多学校多把帮助学生寻找实习单位视作校企合作，不仅合作内容相对有限，同时合作效果也大打折扣，并且不能促进校方以及企业的共赢发展。

三、高等职业教育中培育学生工匠精神的有效路径

（一）打破传统育人观念，提高职业社会地位

基于以往社会对工匠职业的不认可和不重视，应进一步加强工匠文化宣传，逐步提升社会公众对工匠职业的尊敬。为构建和谐的工匠精神培育环境，应逐步就工匠人才选拔渠道进行拓宽，并借助媒体手段广泛宣传工匠事迹，进而在提升工匠职业社会知名度和认可度的基础上有效促进高职院校工匠精神培育思想的真正形成。例如，政府可围绕鲁班奖等工匠职业奖项进一步构建完善的技术人才评价标准，并通过改革工资分配机制来保障工匠职业的切实利益，最终为工匠创设良好的工作氛围，并以此在保障工匠职业切实利益的同时促进工匠文化的广泛传播。

（二）加强企业文化宣传，调动人才创新热情

在高职工匠精神培育过程中，企业文化往往发挥着较大作用。一方面，应基于国内外先进学徒制度，如德国双元制，构建完善的校企联合机制，并尽可能通过校企合

作为企业树立良好的企业形象，最终在实现校企双赢的合作模式下，有效促进企业人才培养渠道的进一步拓宽；另一方面，针对国内企业，要逐步摒弃以往利益至上的发展理念，在可持续发展思想指导下积极参与高职人才培养事业，进而在不断打造民族品牌的过程中营造良好的企业工匠氛围，以此为高职学生提供健康的实践学习环境，并在促进学生职业精神有效提高的基础上确保传统工匠精神的广泛传播和长久延续。

（三）优化院校教育机制，创新人才培养思想

在校方层面，基于高职院校在我国教育改革事业中所占的地位，院校领导要逐步就自身教育责任进行明确，在不断转变自身教育思想的基础上有效构建出完善的人才培养方案，进而通过系统的职业教学有效为学生孕育良好的工匠精神培育环境，并以此促进学生职业素养和思想道德的全面提升。同时，针对高职教师在日常教学中的重要影响，要进一步加快师资力量建设，院校领导还要逐步就现有教师的专业素养进行提高，使其既能够严格按照学校规定完成基本教学任务，又能够不断就教学模式进行创新，为学生提供最及时的职业教学服务，最终为学生树立良好的人生榜样，并在激发学生工匠意识的基础上有效促进学生探究奋斗意识的全面提升。

（四）完善人才培养模式，构建健全制度环境

为保障工匠精神培育工作有序开展，应在现有国家政策基础上不断为学生创设和谐的实践学习环境，进而在确保学生切身利益的基础上使学生拥有充足的实践学习机会，并最终以此促进学生实践能力和职业素养的有效提升。同时，要积极学习国内外优秀的职业教育经验，尽快在结合国内职业教育发展情况的基础上构建更加完善的职业教育制度体系，进而在突出学生自主创新意识培养的同时有效构建以"校企合作、工学结合"为核心的实践教学体系。此外，针对实际高职实践教学过程，要进一步就校企合作内容进行拓宽，除了可鼓励学生进入企业实习外，还应要求高职教师定期进行企业培训，以此确保其职业教育的实践性。

（五）改善学徒教育机制，明确人才培养流程

在现代高职教育思想的指导下，包括现代学徒制在内的全新教育机制已经得到了人们的重视和认可。对此，高职院校要进一步就原有实践教学机制进行创新，通过不断明确人才培养流程和学生评价体系来保障实践教学的具体教学水平。一方面，针对学徒教育过程，考虑到学徒教育多由企业师傅和学校教师双方共同进行教学，因此除了应严格按照《中华人民共和国教育法》（2021年修订）对职业教师的从业资格进行明确外，还应借助《企业培训师资格》等相关规定就企业师傅的教学资格进行考核；另一方面，针对学生评价体系，应逐步打破以往唯分数论的评价形式，尽可能在综合考量学生实习表现和学习成果的基础上，保障学生评价的准确性和科学性。

综上所述，本节基于高等职业教育，详细阐述了在高职教育中培育学生工匠精神的现存问题和改进策略，针对工匠精神对高职学生从事职业工作的重要影响，进一步明确工匠精神的培育思想，并在不断优化高职教育环境、健全高职教育制度的基础上，有效创新高职实践教学形式，全面培养学生的职业素养和思想意识，如此才能实现高职院校与社会企业的合作共赢并且促进高职教育事业的持续发展和健康进步。

第四节　高等职业教育发展的驱动力

在高等职业教育发展的历史中，主要存在技术因素、经济因素、教育因素、社会因素四大驱动因素。它们的具体作用机制分别是：技术革新驱动了高职的产生与发展，产业升级推进了高职内涵的延拓，高等教育大众化助力了高职规模扩张，社会稳定需要高职提供助力。新时期我国高职教育应从以下四方面来正确看待与处理自身发展的驱动因素，包括正确认识多因素驱动高职发展，促进驱动高职发展的多因素融合用力，顺应人工智能时代技术升级的历史趋势，抓住高职扩招 100 万以及产业升级的时代机遇。

高等职业教育是我国现代职业教育体系的重要组成部分，承担着为社会经济发展培养高端技术技能人才的重要责任。随着国务院 2019 年颁布的《国家职业教育改革实施方案》逐渐落实，"双高计划"名单的公布，高等职业教育需要更加自觉地思考自身的使命并调整自己的定位与布局。因此，对高等职业教育发展的驱动力要进行更深层次的探究是十分必要的，这将有助于从历史的视角中找寻高职教育诞生与发展的缘由，从中析取其中存在的核心驱动要素，进而促进新时期高等职业教育的完善与发展。

一、比较视野中高职发展基本轮廓概览

对高职发展基本轮廓的勾勒，有助于把握中西方高职发展的基本曲线与规律，为下一步分析高职发展的基本驱动因素及其作用机制提供重要的历史参照。

（一）西方高职发展的基本轮廓

西方高等职业教育在主要西方国家表现出不同的形式，如德国的高等专科学校、英国的多科技术学院、美国的社区学院、法国的短期技术大学等。由于同是资本主义国家制度和市场经济治理模式，其高职呈现出相似的发展历程：起源于工业革命对高技术人才的需求，"二战"后获得大规模发展，20 世纪 70 年代的"一枝独秀"，以及之后的持续稳步发展。

西方高职教育起源于工业革命的兴起，它对技术变革也提出了更新更高的要求。工业革命与职业教育之间的关系是复杂的，其实初期的工业革命不是推进了教育，而是造成了教育的倒退。此时的职业教育比较薄弱，出现了英国的机工讲习所以及美国的机工讲座，但是大都由私人创办和组织，独立于学校教育体系之外。这些可以看作是高职教育的萌芽状态。随着各国工业革命的普遍展开和完成，从 19 世纪中叶开始，技术对经济和军事竞争中的作用逐渐充分发挥出来，各国政府开始重视技术教育，技术教育因此也成为国家事务。在各国政府的主导下，各国创办了各种高职学校。例如，这一时期法国创办的各类高等专科学校——巴黎理工学校、卫生学校、师范学校、工艺学校等；德国创办的汉诺威高等工业学校、柏林工业学校、萨克森工业学校、达姆施塔特工业学校；等等。西方高职在此基础上也开始逐步发展。

"二战"后，各个国家和人民饱受战争带来的痛苦与创伤，内心渴求一份能给自己带来安稳生活的工作，技术技能培训因此成为普遍的社会需求，一大批退伍军人也对社会培训提出了更多更高的要求；"二战"后的科技与经济进一步发展，原有工作岗位和新增社会岗位的知识与技术含量进一步扩充和提高，技术技能性人才培养层次的高移成为不可阻挡的趋势。在此情况下，各国政府纷纷以各种形式为本国供给高技术技能人才，高职教育获得了长足发展。一方面，高职办学规模不断扩大。另一方面，出现了很多新建的高职。例如，在 20 世纪 60 年代，澳大利亚新建了高等教育学院；日本新建了短期大学和高等专门学校；美国将近 300 多所大学都增设了技术学院。

20 世纪 70 年代，美苏争霸的加剧以及中东石油价格的提高导致西方资本主义世界的经济危机波及了距离经济较近的高等教育与职业教育，中职与普通高等教育受到了极大的影响。经济的衰退导致就业机会急剧减少，缺少实际技能的普通高等教育毕业生受到极大影响，因此，人们在进行高等教育选择时，更加倾向于能够提供社会所需就业技术技能的高职，高职由此获得了更高的社会吸引力，并得到了较大程度的发展。

随着技术革命的不断深入，新技术不断涌现，以及由此塑造各种新的经济形态，如知识经济和信息经济等，这些都对技术技能人才的知识与能力提出了更高更新的要求，加之高等教育大众化潮流对各国高等教育结构的冲击，各国政府继续探索着高职的办学校态与模式，不断提升高职办学的内涵，以应对社会与经济发展的新要求。

（二）中国高职发展的基本轮廓

我国高职走过了一条艰难发展的道路，也正是因为其发展的路径曲折，人们才为高职如今所获得的规模所震撼。我国高等职业技术教育，就其基本的服务面向和所培养的人才类型而论，应该起始于清末创办的"高等农工商实业学堂"。当时，洋务派首先要从"器物"层面学习西方，以期达到救亡图存的目的，开办学堂则是最为直接的方式。京师同文馆和福建船政学堂是清末洋务运动中最具代表性、影响最大的两所新式高等学堂。1904年，清政府颁布《奏定学堂章程》（癸卯学制），将"高等农工商实业学堂"列入其中，规定其修业年限为中学后三年，外加一年预科，最初分农业、工业、商业、商船四类。之后，学堂种类不断增多，且都处于国家学制的大框架内，"高等职业教育"在我国的教育建制中获得了基本的位置。

新中国成立后，政府为了培养急需的各类产业的技术和管理人才，曾一度大力发展专科教育，然而由于全面学习苏联的原因，高等专科教育建制遂被取缔，拆并和改编到普通高校和中职中，"高等职业教育"的发展遭遇了重大冲击。当时经济还处于较低水平的恢复发展阶段，中职尚能为社会保证基本的技术技能供给，但是随着经济建设的逐步展开，社会对提供高技术技能的"高等职业教育"需求已不可遏制，专科教育遂以各种形式保存与发展下来，如在普通高等学校纷纷设立的专修科，部分高校动员入学的本科学生改修专科。

我国高职教育与经济建设一同迎来改革开放的新时期，随着全国上下开始全心全意进行社会经济建设，以及不断扩大开放进入世界产业升级的洪流中，进一步发展高职以培养高技术技能人才已经成为时代的课题。从1985年《中共中央关于教育体制改革的决定》明确要求发展高等职业技术院校，到1996年发展高职被写进《中华人民共和国职业教育法》，高等职业教育又重新被纳入教育的顶层设计当中。

从20世纪末至21世纪初，高等教育大众化的世界潮流以及我国高等教育大扩招决策的落地，为高职的规模扩张提供了巨大的历史推动力。在"三改一补"政策的指引下，我国高职多路径探索，获得了极大发展，无论是高职数量还是学生人数，都占据了高等教育的"半壁江山"；高职教育在规模上得到快速发展后，一个更加重要的问题摆在了人们的面前，即高职教育的内涵建设。一方面，通过提高高职院校的办学门槛、示范性高职院校建设、高职创新发展行动计划、"双高计划"等项目不断提升高职人才培养能力；另一方面，不断探索适应新经济技术业态的高职学制，旨在冲破专科层次的高职办学水平，积极探索开办与试点技术应用本科与职业本科，甚至更高学历层次的职业教育。我国高职教育正朝着助力职业教育成为类型教育的目标而迈进。

二、高等职业教育发展的驱动因素及其作用机制

中西方高等职业教育都走过了一段波澜壮阔的历史，其发展过程颇为曲折，其存在的形式和样态多种多样。但是通过抽丝剥茧，可以发现，在高职教育诞生及其发展的过程中，存在着技术因素、经济因素、教育因素、社会因素这四大驱动因素。这几大因素通过不同的作用机制共同推动了高职教育的发展，且不同因素在不同历史时期的不同组合塑造了高职教育发展的基本轮廓。

（一）技术革新驱动下高职教育的产生与发展

技术因素对高职教育发展的驱动作用是通过技术革新提高生产过程的技术含量实现的。技术的革新使得生产过程中的设备操作、工具使用、管理与服务的技术含量不断提高。技术革新，一方面，要求某些一线岗位从业者储备相当的技术及方法等知识与技能；另一方面，要求某些一线岗位从业者具备处理复杂技术问题的能力。二者共同促成了职业教育课程容量的扩大，使得传统的技术技能供给方式——学徒制、短学制的职业教育与培训逐渐显得力不从心，与课程容量扩大相适应的新型职业教育逐渐产生，并呈现出了"高等性"的性质；技术知识在质与量上的提升与扩充需要更长的职业教育学制来承载，由此在中等教育基础上的高等职业教育基本形态开始形成。

职业教育与技术的发展紧密联系，技术发展史上几次重大的革新主要体现在几次工业革命上，从以"蒸汽"为动力的第一次工业革命和以"电气"为动力的第二次工业革命到如今方兴未艾的以人工智能、大数据、云计算等为核心驱动力的第四次工业革命，向高职教育提出了越来越高的要求。为了适应技术世界的革新，各国采取各种措施，不断加大对高职教育的投入，积极探索更高效的高素质技术技能人才的培养模式，高职教育的内涵得到不断加深。

（二）产业升级推进高职教育内涵的延拓

经济发展的趋势是走产业升级之路，逐渐降低对资源的依赖、减轻对环境的破坏，产业发展模式由资源、劳动力密集型走向技术密集型。在产业升级总的趋势下，高职的内涵不断延伸与拓展。为经济发展创造财富的传统三大支柱产业——农业、工业以及服务业此消彼长，内部结构不断优化，不断产生新的产业形态，尤其以高新技术产业、现代制造业以及现代服务业等为现代产业的代表。这些产业或者行业对自身所需要的高素质技术技能的人才规格不断修正，高职教育则通过课程与人才培养模式的改革与探索，在满足产业界需求的同时，也实现了自身内涵的延拓。

现代制造业以及现代服务业需要一线岗位从业人员具备基本的文化素养、基本的理论知识储备以及过硬的技术实践能力。无论是在"机器换人"的背景下，现代企业所购置的新型大型设备、生产线需要大量合格技术技能人员来操作、运行与维护；还是面对客户个性化、定制化的大量服务需求产生的高端服务人员的缺口，高职院校在专业的设置、学制的创新、工作任务与能力分析等方面已经经历了一系列的变革，服务产业发展的能力不断增强。

（三）高等教育大众化助力高职教育规模扩张

高等教育大众化在高职教育获得规模发展上功不可没。高等教育大众化是高等教育发展的历史潮流，也是教育公平的内在诉求，极大地提升了人口的整体素质水平。然而，人才结构理论以及高等教育大众化中的质与量的关系，都要求高等教育在进入大众化阶段后，其内部结构也应发生变化，即高等教育大众化中的增量部分在很大程度上要由高职吸纳。历史也证明，高等教育大众化的潮流直接推动了高职规模的扩张。尤其在高等教育大众化、20世纪末高等教育扩招的共同作用下，我国建成了世界上规模最大的高等职业教育体系，高职教育占据了高等教育的"半壁江山"。发达国家高等教育在20世纪50—60年代进入大众化阶段，大量发展的是应用性、职业性的高等教育，既适应了经济与社会发展的需要，又提高了社会的生产能力与文化科学水平，从而使社会能容纳更多的大学毕业生就业，这也体现了高等教育大众化与社会经济发展之间的辩证关系。

高职规模的扩张使得实施专科教育的高职院校数目增多，更多学生获得了接受高等教育的机会。虽然不能以一般普通学术大学的办学模式来要求高职，但高职毕竟也是处在高等教育层次，其基本的高等通识教育提升了高职学生的文化素质，在一定程度上推动了高职技术技能教育的实施。总的来说，高等教育大众化助力高职教育在世界范围内快速扩张，高职教育的吸引力与影响力与日俱增。在高等教育大众化的助力下，高职教育仍在很多国家依然存在巨大的发展空间。

（四）作为社会稳定器存在的高职教育

社会稳定是社会学中一个非常重要的命题，社会对整体社会稳定的内在诉求使得教育成为社会的重要稳定器，以及社会治理所依赖的工具之一。高职教育则以其独特的性质、结构与功能成为维护社会稳定的重要选择之一。"二战"过后，面对满目疮痍的城市废墟以及饥寒交迫的失业人群、退伍军人，在恢复经济与社会稳定的双重作用下，各国开始大力发展高等职业教育。改革开放40多年以来，我国社会经济建设取得了非凡的成就，其中高职教育做出了巨大贡献，高职院校不仅为经济建设的发展输送了大量高素质技术人才，更是避免了大量社会人员会因缺少技能需要国家救济而给经济带来沉重的负担。

社会稳定要求基本的社会流动与变迁的机制存在。高职院校提供的教育资源使一部分社会底层与边缘人群获得赖以谋生的技能，以及使一些不能上普通学术大学的学子重获了成长成才的希望。随着人们生活水平的不断提高，人们对高等教育的需求也越来越多样、越来越个性化、越来越务实。高职院校以其灵活的办学模式，紧密连接行业产业的特点，在及时消化社会高等教育需求方面发挥着不可替代的作用。当前，我国高职院校正在紧密落实大规模扩招100万的政策，从这一政策提出的背景以及所扩招的对象来看，其提出的目的除了进一步挖掘我国劳动力的人才潜能，更是为了通过满足扩招对象急迫的教育需求，来为社会经济发展创造稳定的社会环境。

三、新时期我国高职教育应正确看待与处理自身发展的驱动因素

（一）正确认识多因素驱动高职教育发展

通过回顾高职发展的历史轮廓以及分析高职发展的驱动因素，可以发现，多因素共同驱动高职教育发展，并且在不同时期，各因素所发挥的作用也不同。这就启示我们，在分析某一时期某一国家高职教育的发展状况时，要树立综合思维，不能片面归因，以避免对当下高职教育发展决策造成误导。

坚持多因素的分析框架可以帮助我们获得高职教育发展历史关键事件的合理解释。人们受传统思维定式影响，通常认为职业教育（包括高职）发展与经济和技术的发展可以做到同频共振。其实不然，技术进步与经济发展固然是高职教育发展的根本驱动力，但是却又受到种种因素的制约。例如，新中国成立初期，单从经济建设的角度来看，我国的高职教育理应获得大规模发展，然而，由于一味学习苏联的职教学制，专科教育反而被取缔，高职教育发展一度遭受重创。因此，坚持多因素分析框架分析高职教育发展的史实，在抽丝剥茧的过程中寻找高职发展的多种驱动因素和作用规律，并以历史关照现实，这是当前高职教育发展不能忽视的重要方面。

（二）促进驱动高职教育发展的多因素融合用力

正确认识与解释高职教育发展的各驱动因素是手段，目的是合理利用各种驱动力，促进各因素在推动高职教育发展上融合用力。高职教育发展的驱动因素在不同时期的不同组合塑造了高职教育发展的不同形态，而在不同的时期，高职教育发展的核心驱动因素也是不同的。一方面，分析核心驱动因素是必要的，往往这一核心因素在推动某一时期的高职教育发展上能起到决定作用，创造条件与这一核心因素的作用机制相适应，是高职教育充分展现自身发展主动性的表现。另一方面，作为核心因素的补充，其他因素也是不可忽视的，无论是经常作为"次要因素"出现的教育因素还是社会因素，其实都在推动高职规模扩张和内涵深化方面发挥着自身独特的作用。各因素协同融合用力，相互配合，是新时期高职教育发展的实践自觉。

（三）顺应人工智能时代技术升级的历史趋势

总体来说，技术因素在高职发展的整个过程中发挥着最主要的作用，因为技术升级往往也影响着经济发展、教育变革，在所有因素中更"上位"，技术的主导作用也为高职发展的历史所证明。基于此，在技术革新不断加快的今天，高职院校应该尤其关注技术世界，并据此开设专业、设计课程、不断革新人才培养模式。事实上，在当前由人工智能驱动的新一轮技术革命的背景下，高职教育已然受到了巨大的冲击，高

职的研究者与工作者，纷纷在各自领域大胆想象和思考人工智能时代的高职教育可能面临的挑战、机遇以及应对策略。

人工智能带来了各行各业的技术革新，各个岗位的技术含量不断增加、自动化程度越来越高，智能化成为这个时代的重要主题。在这一轮的技术革新中，职业教育将发挥自身在技术传承与革新中的优势，以促进人工智能更好地为人类服务。高职作为职业教育的高级形态，为了发挥技术的驱动作用，需要进一步分析人工智能时代高素质技术人才的知识与能力结构，深化现代学徒制的人才培养模式改革，为产教融合与校企合作建立国家制度平台。

（四）抓住高职扩招 100 万以及产业升级的时代机遇

为了解决更为宏观层面的国家战略需求问题，即更高质量更充分就业的问题，国家做出了高职扩招 100 万的决策部署；产业升级是我国经济在发展到一定阶段以后主动选择的经济转型之路。以上二者既有事物发展规律的必然成分，但也更多地体现了国家意志，二者对高职教育发展都有直接或巨大推动作用的政策，并不会在任何历史时期都会出现，高职院校应抓住当前发展的这一历史机遇，进一步扩大高职教育的内涵与影响力、吸引力，从而助力实现职业教育成为类型教育的目标。

如果技术升级是高职发展的内在驱动力，那么经济转型、产业升级与扩招 100 万的政策则可以理解为高职发展的外在驱动力。在发挥好外在驱动力作用方面，首要的是从大局出发，积极落实政策部署，使政策效益最大化；在依托政策部署的基础上，再结合高职教育区域性、职业性的特征，最大限度地激发办学活力。

第五节　新时代高等职业教育的模式

我国高职教育的发展模式难以真正建立起来，其主要问题在于产教"两张皮"分离现象突出，企业缺失主体意识，产教融合的利益机制尚未形成。学校和企业"双主体"办学是推动高职教育模式改革、实现产教融合的根本出路，而这需要学校主动作为、政府推动落实、行业积极尽责、企业增强意识等多方努力。落实到具体的推进路径，建议把实施现代学徒制作为开展教学模式改革的突破口，把推动科学研究与社会服务职能的融合作为办学改革的着力点，从而共同促进校企"双主体"模式的实现。

新时代我国高等教育和职业教育发展的方位要求是"实现高等教育内涵式发展"和"深化产教融合、校企合作"。高等职业教育兼具高等教育和职业教育的双重属性，经过多年的实践探索已逐步摸索出了其特有的办学方向和优势，但企业参与制度进展缓慢，教育模式并不稳定。为实现高职教育产教融合的内涵式发展，建立校企合作"双主体"办学模式是最根本的出路，我们需要通过政策措施和现代学徒制、社会服务路径加以重点推进。

一、我国高职教育的模式探索

（一）高职教育的办学与发展

我国高职教育"模式"问题伴随着高职院校的创建而产生，并经历了办学模式改革、关注内涵、明确三个阶段。

1. 早期高职教育办学模式改革

1980 年，教育部批准创建南京金陵职业大学、无锡职业大学等 13 所职业院校，是我国最早试办的一批高职院校。其办学方式为"收费、走读、不包分配"，培养方式为沿用传统的学科型培养。1991 年，邢台职业技术学院率先在全国试办高中起点的"双起点、双业制、双证书、订单式"高职教育模式。1994 年，全国教育工作会议提出"三改一补"办学模式，原国家教委先后批准了 18 所重点中专探索举办五年制高职班。1996 年，《中华人民共和国职业教育法》首次确定了高职教育的法律地位，教育主管部门将原有的高职、高专和成人高校统称为"高职高专教育"，并提出要"大力发展高等职业教育"。之后，全国的专科层次院校开始了"职业技术学院"的模式探索。

2. 高职教育开始关注内涵建设

2002 年《国务院关于大力推进职业教育改革与发展的决定》进一步提出，"深化职业教育办学体制改革，形成政府主导、依靠企业、充分发挥行业作用、社会力量积极参与的多元办学格局"。自此，我国高职教育由规模扩张进入内涵建设阶段，办学方向初步形成。2004 年《教育部等七部门关于进一步加强职业教育工作的若干意见》指出，"推动产教结合，加强校企合作，积极开展'订单式'培养"。两年后，教育部、财政部启动实施了"国家示范性高等职业院校建设计划"，遴选了 100 所高职院校在办学模式、人才培养模式、教育教学改革、课程体系与教学内容改革等方面进行探索。2010 年《国家中长期教育改革和发展规划纲要（2010—2020 年）》明确了职业教育"工学结合、校企合作、顶岗实习的人才培养模式"，并提出"制定促进校企合作办学法规，促进校企合作制度化"。同年 9 月，教育部、财政部新增了 100 所左右的骨干高职院校，在创新办学体制机制、推进校企合作办学、合作育人、合作就业等方面进行重点建设。

3. 高职教育模式方向已然明晰

党的十八大召开后，《国务院关于加快发展现代职业教育的决定》《现代职业教育体系建设规划（2014—2020 年）》《高等职业教育创新发展行动计划（2015—2018 年）》

《教育部关于深化职业教育教学改革全面提高人才培养质量的若干意见》等重要文件密集出台，均指明"产教融合、校企合作"这一职业教育发展的重要方向，并提出其关键是激发企业举办或参与举办职业院校的积极性。经过多年的实践探索，我国参与职业教育的企业数量大规模增长。

回顾历史，我国高职教育办学始终与经济社会的发展并肩前行，"产教融合、校企合作"的基本方向已然明晰，并被社会各界广泛认可，被国家示范性高职院校、骨干院校和其他各高职院校在实践中证明其正确性。党的十九大召开后，国务院办公厅2017年印发的《关于深化产教融合的若干意见》和教育部、国家发展改革委、工业和信息化部、财政部、人力资源社会保障部和国家税务总局于2018年联合制定并发布《职业学校校企合作促进办法》（以下简称《办法》）先后发布，在这一发展方向上进一步向前迈进。

（二）高职教育模式方向的实现难题

高职教育"产教融合、校企合作"的基本发展方向与促进地方经济发展，促进就业、改善民生的目标相吻合。各地区高职院校依据自身优势进行了多样化的路径探索，一些共性问题也随之显现。

1. 坚持"产教融合、校企合作"的方向

这是促进地方经济发展的需要。随着大学"走出象牙塔"，与社会发展联系越发紧密，而学校作为技术技能积累的重要载体，理应承担起推动区域产业技术创新的责任。许多高职院校依据地方的产业结构建设专业群，并建立起动态调整机制；深度参与地方企业的技术改造，为企业创造新的经济增长点；主动开展技能补偿、提供教育与培训。

这是促进就业、改善民生的基础。高职教育以就业为导向，实现学生从自然人、学校人到社会人、职业人的转变，这是学生生存与发展的基础，也是个性张扬、实现个人价值的载体。高职院校致力于培养具有就业竞争力的技术技能人才，保障学生毕业后"有职业""有好职业""敢于创业"等多层目标的实现。

2. 实现高职教育模式方向的问题所在

许多高职院校一直以来进行着多样化的路径探索，如甘肃林业职业技术学院与威龙公司签订"订单式"人才培养协议，推进教产学一体化运行；浙江工贸职业技术学院创建了浙江创意园、温州市知识产权服务园、国际服务外包园三大园区，以"学园城一体化"平台为依托，融高职教育改革与园区建设于一体。在这些探索过程中，许多高职院校也形成了丰富的校企合作办学经验。

当前，亟待解决的问题主要表现在以下四方面。第一，产教"两张皮"现象突出。专业设置与产业集群、课程内容与职业标准、教学过程与生产过程、技术攻关与企业创新等多方面实为"两张皮",或者只是"浅融合"。学校和企业各想各的事,导致校企合作循环不畅,降低了人才培养的质量和资源配置的效率。第二,企业的"主体"意识缺失。"主体"相对于"客体"而言,指某项实践活动和认识活动的承担者。在校企合作过程中,不少企业仅将校企合作作为解决用工困难的权宜之计,"市场"属性浓厚,忽视了其"教育"属性,没把育人当作是自己的事情。第三,融合的利益机制尚未形成。校企合作过程中存在"校热企不热"的现象,其根本原因是利益不对等而造成的,只寄期待于企业"掏腰包"并付出,而不给予必要的利益,显然企业并不愿意承担学校育人的责任和成本。第四,制度建设任重道远。产教融合、校企合作的可持续发展需要政府从制度层面加强建设。近年来国家已经在制度建设方面做了大量工作,但多以宏观指导性、调控性的制度设计为主,操作性、规范性、多部门协调性的实施细则较少,校企合作中各方的责权利没有明确,从而导致有些制度难以落地。

二、校企"双主体"办学是高职教育模式改革的出路

(一)"双主体"办学成为根本出路的原因

《办法》指出,"校企合作实行校企主导、政府推动、行业指导、学校企业双主体实施的合作机制"。其中,"双主体"合作是指学校和企业(含行业、事业组织)双方共同举办、管理、协调各方利益并运行高职院校的活动,是对过去校企合作的延续和深化。校企"双主体"合作模式已成为改革的根本出路,主要原因体现在以下四方面。

1.由高职教育的特性决定

职业教育具有职业性、社会性、人民性三个特性。其中,职业性为本质属性,其他为派生属性。高职教育的本质属性不仅有职业教育的"职业性",还有高等教育的"高等性"。"高等性"凸显水平,并提升整体水平和核心竞争力;"职业性"体现类型,以就业为导向,培养的人才需适应职业岗位的需求。而校企"双主体"合作模式注重高职院校科研实力和服务能力的提升,走内涵式发展道路,也强调企业作为学生学习不可或缺的场所,实现从教育到行业、企业的跨界,符合高职教育"高等性"和"职业性"的特性。

2.由企业发展的长远需求决定

企业的发展离不开人才资源,培养和储备人才是企业生存和发展的核心竞争力。高职教育培养的高素质、高技能人才必须是本行业的内行,为企业提供适销对路的高水平劳动力。另外,高职院校的师资队伍为企业技术创新提供智力支撑,全方位、多渠道为企业解决技术难题,实现科研成果向现实生产力的转化,如美国之硅谷。从长远需求看,行业、企业作为高职教育重要的社会供给主体和人才培养质量的最终检验

者，理应与学校一同作为高职教育办学的主体力量，因为有经验的劳动力是不可能从其他行业引进的。

3. 由国际经验和发展趋势决定

从国际上看，德国有"双元制模式"、英国有"三明治模式"、澳大利亚有"TAFE模式"、美国有"CBE模式"、加拿大有"合作教育模式"、日本有"产学官合作模式"等，其特有的教育模式是各发达国家经济腾飞的有力支撑。源于国外先进的教育理念，为顺应国际职业教育发展趋势，我国提出了校企"双主体"合作模式。校企合作是指职业学校和企业通过共同育人、合作研究、共建机构、共享资源等方式实施的合作活动。"双主体"概念的加入更加突出"企业重要主体作用"，将企业原本"参与"的角色定位提升到了"主体"的地位高度。

4. 由我国未来的发展方向决定

2015年"中国制造2025""创新驱动发展战略"等决定我国未来发展方向的重大战略相继被提出。"中国制造2025"围绕先进制造、高端装备等重点领域，实施加快制造业转型升级、提质增效的任务，到2025年要从制造业大国迈入制造业强国行列。"创新驱动发展战略"紧扣调结构、转方式，推动大众创业、万众创新，在供需两端发力促进产业迈向中高端。这些战略的实现需要能够有效完成制造技术、产品、业态、组织的人才，校企"双主体"合作模式聚焦于创新性、复合性、应用型人才的培养，能够推动战略目标的实现。

（二）"双主体"办学需要各方联合推动

落实校企"双主体"合作模式应该是今后我们需要重点推进的一项工作，它是从美好理念到治理结构的一项制度安排，需要政府、高职院校、行业、企业各方联合推动。具体工作着力点有以下四方面。

1. 学校积极主动作为

从当前校企合作的实践操作看，高职院校合作的积极性和主动性较高，通过主动寻求与企业的合作机会，建立实训实习基地、缓解毕业生就业的压力等，实践证明这一路径是对的。今后落实校企"双主体"合作模式，学校还要更加积极主动作为，因为在模式对路的前提下谁不作为、谁作为得晚，谁将来被淘汰的可能性就大。学校要努力帮助企业进行技术攻关、项目研究、产品升级，缩短科研成果转化周期，提高产品竞争力，找准与企业合作的利益契合点；加强与校友关系的建立，依托校友企业，与母校进行合作等。这是一件需要长期努力的事情。

2. 政府推动改革落实

政府是公众利益的代表，具有公认的权威性和广泛的公信力。虽然最终决策由校企双方协商达成一致，但政府发挥的重要推动作用是其他主体无法替代的，主要包括三方面：一是完善顶层政策设计和各级政府的配套制度，如确定"双主体"办学的形式，规定各利益主体的权责，并明确企业成为办学主体的资格标准等；二是实施必要的扶持和激励措施，通过多种形式，调动社会力量参与"双主体"办学，如给予补贴、购买服务、资本合作等，并搭建交流平台，实现信息的对称与共享；三是对办学过程和绩效进行必要的监督和制约，如对不符合规范的办学行为和主体进行制约，协调主体间的利益冲突，以保证"双主体"办学效益的最大化。

3. 企业强化主体作用

单靠高职院校一方作为也难以实现长期有效的合作。《办法》提出允许"有条件的企业举办或者参与举办职业学校"或"在职业学校设置职工培训和继续教育机构"，对于"企业职工培训和继续教育的学习成果，可以依照有关规定和办法与职业学校教育实现互认和衔接"，还提出会"鼓励省级人民政府开展产教融合型企业建设试点"。显然，这意味着有部分企业不再等同于纯生产型企业，而是具有与高职院校同等地位的教育型企业。赋予有资格的企业以教育机构的地位意味着教育是企业的事，这是一种社会担当，也是国家和人民对该企业的认可，从而充分激发企业的主体意识。

4. 行业组织履行职责

我国行业组织大多依赖主管部门或大型企业，自身发展力量不足，管理、资金、人才短板突出，故导致其协调指导作用没有得到充分发挥。行业组织是高职教育重要的责任主体，因为即使企业的技术技能边界不清行业的边界也是清楚的。德国、荷兰等发达国家的行会组织履行制定标准、主持考试、颁发各类资格证书等职责，国务院2014年印发的《国务院关于加快发展现代职业教育的决定》中也明确要求行业组织要履行好"发布行业人才需求、推进校企合作、参与指导教学、开展质量评价"等职责。接下来，要加强该职责的落实，推动行业组织功能实体化，增强其实质性的影响作用。

三、以现代学徒制为突破口推动校企合作

（一）现代学徒制是国内外的共同选择

在"产教融合、校企合作"的基本方向下，校企"双主体"办学模式的改革呼之欲出，前行的道路究竟是什么？国内的专家学者、一线工作人员均认为"现代学徒制"是正解，这也与国际职业教育发展的主流趋势保持一致。

1. 国内学者一致认同的正确路径

赵志群认为，"只有现代学徒制才有可能提供职业教育情境学习所需的工作与学习情境"。徐国庆认为，"现代学徒制在高职教育中有着广阔的应用空间，应当把它看作提升我国高职教育内涵的关键抓手"。浙江省教育厅相关负责人认为，"推广实施

现代学徒制，有助于打通职业教育产教融合的'最后一公里'"。"现代学徒制发挥了学校和企业的双主体作用，让我们真正找到了病灶。"①

2. 国际职业教育发展的主流趋势

作为官方正式用词，"现代学徒制"的概念最早出现在 1993 年英国政府的"现代学徒制改革"项目中。之后，德国以校企合作为基础的"双元制"模式将现代学徒制的具体落实发挥到极致，成为世界各国职业教育发展的重要参照。但由于不同国家"不同的市场制度环境对各方围绕劳动安全的利益政治行动方式规制不同"②，在实践过程中现代学徒制有三种基本表现形式：以企业为主的市场导向形式（英国、美国、澳大利亚），以学校为主的教育调节形式（苏联、前东欧），互补功能的"双元制"形式（德国）。

以澳大利亚为例，具体表现为：学徒通过集团培训公司寻找雇主；学徒与雇主到国家注册的现代学徒制服务中心签署培训协议（培训协议要在相关的州或领地的培训当局注册，依据的标准是澳大利亚全国统一的资格框架和资格框架下的"培训包"）；学徒到培训机构（培训机构主要承担者为 TAFE 学院）进行面试；学徒、雇主、培训机构进行协商沟通后三方签订培训计划（培训计划要明确培训目标、培训的能力项目、三方的权利和义务）；学徒在雇主的企业和 TAFE 学院要接受训练，其中大部分时间在企业，占比达到 80%。

（二）探索具有中国特色的现代学徒制

当前我国行业、企业的教育意识较之其他发达国家还不够成熟，学徒制在本土化的过程中，展现出了多种形式。采取互补融合的"双主体"形式，积极推进现代学徒制特别是企业新型学徒制，是我国现阶段值得努力推进的重要形式。

1. 推进现代学徒制试点工作

"现代学徒制"一词首次出现在我国的官方文件是 2011 年《教育部关于推进高等职业教育改革创新引领职业教育科学发展的若干意见》。现代学徒制的显著特征是"双主体""双身份"，我国高职院校在实践过程中要努力做到：以校企合作为基础；以学生（学徒）的培养为核心；以学校、行业、企业的深度参与，教师、师傅的深度指导为支撑。扎根于中国大地的现代学徒制表现出了政府主导、学校主体、企业主动意识不断增强的特征。

2. 企业新型学徒制另辟蹊径

现代学徒制既可以在学校实现，也可以在企业完成，但前提必须是校企合作。为充分发挥企业的培训主体作用，2015 年《关于开展企业新型学徒制试点工作的通知》

---

① 李建雄.“双主体”育人模式下现代学徒制校企协同综合管理平台研究［J］.河北软件职业技术学院学报，2022（1）：16-19.

② 王星.技能形成的社会建构——中国工厂师徒制变迁历程的社会学分析［M］.北京：社会科学文献出版社，2014.

遴选出首批新型学徒制试点单位和行业试点牵头单位。其出发点是探索企业职工培训新模式，主要内容是"招工即招生、入企即入校、企校双师联合培养"，对象为有培训需求的企业技能岗位新招用人员和新转岗人员。企业新型学徒制试点采取政府引导、企业主体、院校参与的形式，丰富了我国技能人才培养的路径。究其本质，它是一种以企业为重要学习场所的有效培养学习者技能形成的方式，核心依然是学校和企业深度合作、专业教学和现场实践无缝对接、教师和师傅深入指导、共同实现培养学生（员工）精湛的技能和复杂的从业能力。

（三）我国推进现代学徒制的制度保障

源于英国的现代学徒制是基于自由经济环境进行校企合作，除了受正式制度的约束，更多地依靠非正式制度的约束，如校企合作的文化传统、社会舆论、企业的社会责任感等。而我国的现实国情是政府主导下进行校企合作，在非正式制度严重缺失的背景下，主要依靠正式制度的约束，即需要国家有意识地设计并实施具有明确条文的法律、政策、规则等。但当前我国现代学徒制的相关制度建设亟待完善，形成具有中国特色的现代学徒制仍需要一个过程。

1. 确立学校和企业的责任和利益制度

我国正在努力践行的现代学徒制以"校企合作"为主要特征，具体表现为：试点单位积极推进招生与招工一体化；建立双导师的选拔、培养和考核机制，校企互聘共用师资队伍；加强行业、企业、学校或第三方机构多方考核体制，完成技能考核后可获得学历证书和职业资格证书，推进双证融通；等等。但是，双主体合作很容易造成主体不明的情况，确立其责任和利益的制度至关重要，制度设计要充分考虑学校和企业的行动逻辑与利益诉求，充分保障其基本权益，打消试点院校和企业在参与过程中的各种顾虑。

2. 建立企业师傅的选拔、培训等相关制度

承担学徒培养的责任人来自高职院校的教师和企业的师傅，尤其企业师傅的技能水平、责任心、个人职业修养等是影响学徒培养质量的关键。我国已经建立了较完善的教师资格制度、教师培训体系等，但针对企业师傅的相关制度几乎空白。各试点院校对企业师傅的聘请完全出于自发行为，很难保障其质量，企业师傅进行人才培养的参与也有限。必须把企业师傅的资格认证、技能培训等相关制度上升到国家层面，通过国家制度的规约，有效地进行管理。

3. 建立学徒的考核制度，把握质量核心

质量是现代学徒制应该始终关注的核心，为避免学徒不会异化成为"学生工"，需要建立完善的学徒培养考核制度，这需要试点院校和合作企业参考行业标准，根据人才成长规律和岗位实际需求共同研制考核目标。在进行结果考核的同时还要与过程

考核相结合，主要考核学徒的理论知识、实践操作、平时表现以及最终的业绩等，由教师、师傅、企业或第三方机构共同实施考核，并依据培养过程和考核结果及时反馈，不断改进教学，重构培养方案。

四、以科研与服务职能的融合加速产教融合

（一）高职教育应积极践行科研与服务职能

从"大学是传授知识的场所"的欧洲中世纪巴黎大学，到"大学也是研究高深学问"的德国现代柏林大学，再到"大学还是提供社会服务"的美国威斯康星大学，形成了高等教育的三大基本职能——人才培养、科学研究、社会服务。那么，高职教育是否要履行科研职能？应该如何履行呢？

1.高职院校的科研职能不容忽视

纵观国际，科研与服务职能深度融通，担负起推动区域经济发展的责任，是现代大学发展的一个重要趋势，甚至还催生了一类创业型大学。例如，波士顿的128号公路高新技术区依托哈佛大学、麻省理工学院等大学的科技成果和科技人才，在20世纪五六十年代独领风骚，成为美国科技和工业创新中心；北卡罗来纳州的"科研三角洲"依靠杜克大学、北卡罗来纳州立大学、北卡罗来纳大学 Chapel Hill 分校的科技资源，成为目前世界上最大的科研型工业园区。

高职教育作为高等教育的重要组成部分，长期以来培养了数以万计的技术技能人才，但科学研究和社会服务职能尚待进一步彰显。这里的基本问题是，高职教育要不要从事科学研究活动？在过去的20余年里，高职教育发展的总体态势很好，甚至超过许多"三本"院校的人才培养。这得益于它一心一意搞教学，紧贴市场办专业。而一批"三本"院校却纠结于科研指标，上不去、下不来，地位比较尴尬。但是，随着现代职业教育体系的建立，特别是一批应用型高校的转型发展，高职教育上层次的议题提了出来，如何上层次，要不要搞科研的问题必须回答。笔者认为，只要是高等院校，教学、科研、服务三大职能都要履行，否则就不能称作高等教育，但如何履行却大有不同。

2.以市场需求为导向主动服务区域发展

不同于研究型大学，我国的高职院校科研工作起步晚、实力不足，受人才和条件的制约，难以承担前沿的、基础性的重大研究课题。但高职教育是与区域经济联系最为密切的现代教育形式，国务院2014年印发的《关于加快发展现代职业教育的决定》中提出，高职教育要"密切产学研合作，培养服务区域发展的技术技能人才，重点服务企业特别是中小微企业的技术研发和产品升级"。要建立服务即科研的理念——高

职院校结合区域环境、产业特性调整自身定位，服务范围聚焦于所在区域经济社会的发展；科研内容着力于应用性研究和技术服务；衡量标准是横向经费数量，而不能是基金项目数量。同时，这与高职教育校企"双主体"办学模式的方向也是一致的，面对国家的三令五申、文件迭发，多数高职院校热衷于向企业"化缘"，校企合作难以长久。高职院校若想要与行业、企业"称兄道弟"，进行长期有效的合作，必须要拿出过硬的"资本"，如实用的技术力量、众多的服务项目和高技术技能的毕业生等。

（二）在高水平服务过程中深化产教融合

高职院校在对企业技术创新能力支持、对城市活力与品位提升的过程中，自身也能够得到发展、得以锤炼，这是一种与整个区域社会得到互动的发展。高职院校在对中小微企业进行技术支持的过程中，需要根据企业的需求及时调整自己的服务内容和手段；通过不断强化与企业信息、文化和知识技能的双向流动，促使高职院校的人才培养模式、课程教学等处于不断调整与变革中；通过自觉、自发地形成校企"双主体"参与，实现人才培养质量的提升、教学条件的改善、基地的拓展、"双师型"师资队伍的优化、管理水平的提升等，最终形成强大的内驱力和对优质资源的利用。

与企业（地方）互动的过程中提升自身实力的做法已在多个高职院校进行了不同探索，并取得了一定的成效。例如，浙江工商职业技术学院联合企业共同组建"模塑制品表面装饰与智能成型技术协同创新中心"，该中心的大深度、大曲率模内表面装饰技术被应用于惠而浦、海尔、九阳等企业的家电产品，以及吉利、众泰等汽车内外饰件，为合作企业带来新增产值1.4亿元，2017年入选为浙江省首批应用技术协同创新中心。

总结经验做法，主要有以下三方面：

第一，通过行企协同、校地合作等形式，遴选出具有优势的创新团队、科研项目等进行重点培育。面向区域经济发展，以市场为导向，具有优势的高职院校、企业、科研团队等多方共同创建协同创新中心，并将其作为行业企业共性技术研发、社会服务的重要平台。

第二，将横向项目、专利申报纳入社会服务评价体系，激励教师投入时间和精力在产业、技术创新上。通过强化项目管理、加大奖励力度等措施，鼓励教师下厂下店，充分发挥其专业优势，在生产一线中开展技术攻关、项目研发和专利申报等，扩大其服务范围和层次。

第三，提升科研和社会服务能力，两者深度融通以支撑高技能人才的培养。高职院校实施产学研结合，这是培养具有创新精神和实践能力的高级专门人才的重要途径，并鼓励具有民族特色的文化研究、技艺传承创新研究走进校园。通过提升科研能力，服务区域经济发展，在互动发展、双向流动的过程中，能够促进校企"双主体"育人目标的实现。

形成中国特色高职教育模式是一项长期的、复杂的工作，校企"双主体"合作办学是可行的出路，产教融合、工学结合、知行合一是育人方向。全面推行现代学徒制特别是企业新型学徒制，通过社会服务开展技术开发和推广工作，健全企业参与制度，是我们未来需要加以努力的探索点。

第六节　高等职业教育面对的挑战与对策

高等职业教育是我国整个教育体系中不可或缺的一部分，兼具高等教育和职业教育的双重特色，是与我国经济社会发展密切相关的重要层次的教育。目前，我国高等职业教育在培育"大国工匠"的时代呼唤中，在"大众创业、万众创新"的发展背景下，还高等职业教育以本来面目，让高等职业教育更"接地气"，是高等职业教育未来发展的走向，也是其自我革命、自我重建、自塑品牌的良机。未来 10 年，一批广受社会、家长、学生的肯定并口口相传的高等职业教育品牌将迅速崛起，"追逐品牌高职教育"将成为高等职业教育的重要市场现象。当然，相当部分的高职教育将逃不出"惨淡经营"，直至被逐出教育市场的命运。

一、高等职业教育面临的挑战

经济社会的本质在于"趋利避害"，市场经济社会没有哪个行业永远"独秀于林"，市场竞争的渗透力无时不在，经过了大踏步的阶段性发展，高等职业教育的"狼烟"在酝酿，挑战的"鼓点"已经敲响……

（一）高等职业院校"遍地开花"与生源数量相对稳定的挑战

根据 2015 年的统计数据，全国独立设置的高职院校达 1341 所，招生数 348 万，毕业生数 322 万，在校生数 1048 万，占到高等教育的 41.2%，全年为社会提供技术培训超过 2000 万人次。这 1341 所高职学校，设在县级市的有 90 所，设在乡镇地区的有 50 所。100 万人口以上的城市，都至少有 1 所高职学校。除了西藏，所有的地级市，都至少有 1 所高职学校。动辄"千亩校园、万人大学"也表现出高职院校庞大的"吞吐量"[①]，由此可以预见，供求规律决定高等职业教育未来发展的压力是不言而喻的，"靠市场发展而起"还得"靠市场淘汰而生"是高职院校发展的宿命。

① 中华人民共和国教育部发展规划司.中国教育统计年鉴 2016［M］.北京：中国统计出版社，2017.

（二）社会对"工匠精神"的渴求与师生的心理准备不足的"挑战"

社会工匠需要精细、精准、精致，精益求精，但我们许多高职院校的教师没有向实际、实用、实操转向，或者转向不够。高职院校"双师型"比例还远远不能满足学生数量暴涨的需要，且由于成本因素，高职院校的创新创造动力严重不足，"狼来了"的警觉性差，更谈不上专家对每一个学生"量身设计"和"定制打造"。加之高职院校的学生本身学习的主动性欠缺，更谈不上学习的专注度和钻研力，这与"大国工匠"的高远追求相差甚远。"基础不牢，地动山摇"，学生本身的"先天不足"也为学校品牌发展带来相当的难度。

（三）学校专业、文化、管理的同质化与创名升位的特色需要的挑战

"一招鲜，吃遍天"，但现在的高职院校绝大多数都呈现出专业、文化、管理的同质化，这种"天下一统"的布局，让我们的家长和学生本人在选择时很难产生"眼睛一亮"的感觉，学校也很难提高录取筹码，只会长期处于"低水平运转"状态，出现"有规模，无特色；有效益，无明天"的生存状况，一旦生源竞争加剧就如同"秋风扫落叶"般倒下。

（四）大数据背景下的办学环境与封闭机械的办学思维的挑战

在互联网时代，学校的一切活动都处在被监控、被研究状态，无论是专业的开拓、文化的丰富、管理的过程和日常的活动，甚至管理者的私生活都是在社会这个大望远镜下无遮拦的状态中进行的。如果我们决策者、管理者思维还停留在传统经验里，看不到开放的"自媒体"会常常把学校的管理置于大众眼球之中的现实，那么，学校生存危机就已经靠近了。所以，学校管理者、教师的语言和行为规范显得比以往任何时候都更加重要，如果处理得当，会被人高高举起，自然成为"品牌"；如果处理失当，就会被万夫所指，让大众彻底抛弃。比如，过去的很多矛盾靠慢速来解决，现在就要求靠快速来解决；过去的一切活动都是校园的事，现在的一切活动都是全社会的事；过去都是靠报纸、电视进行广告，现在是靠"刷屏"吸引人们眼球。

二、高等职业教育的发展对策

高等职业教育的生存和发展永远都是与时代的主旋律相伴而行的，作为一线的"操盘手"，我们既不乐观地判断职业院校的明天会更好，也不悲观地认为前方的路太凄迷，怀着一颗平常心，相信付出终有回报，一切都是事在人为，努力作为，寻找对策，精准发力，才是上策。

（一）特色师资永远是高职院校生存发展的核心竞争力

根据社会主流专业寻找特色师资，培养特色师资，是学校管理者重中之重的工作

之一。根据自己院校主干专业寻访"能工巧匠"，以包容的心态，克服门户之见、克服文化差异，建立一种有效机制，真正做到"请进来，走出去"，即把"实操大师"请进来，将我们的师资"放出去"，互帮互助、互促互进，将专业教育达到一个新高度，牢牢掌握本专业的"话语权"。同时，建立本院校"教师素养提升学校"，对全体教师进行"大市场、大文化、大境界"知识轮训，让全体教师自觉着力于高等职业院校所需要的"实用型人才"硬软实力的精准培养上，从而实现学校品牌发展的战略目标。

（二）"抓两头，促中间"，实现学生综合素养整体提升

职业院校应顺应时代潮流，根据目前"实用型专业"培养的需要和"少子女家庭"孩子的心智偏弱的实际，学校应成立"学生职业规划中心"和"学生心智成长研究中心"，可邀请有经验的专家教育学生"如何客观正确认识自己""如何科学评价自己的心智""论职业素养"等，再对学院各种专业组建"攻关突击队""1+3 实验团"（1 个专业 +3 个技能）"青年领袖训练营"来充分激活"一池春水"，将后进学生通过"学习力训练营""访贫问苦冬令营""国学寻根夏令营"等，整体提升学生的学习能力，激活他们学习专业、学习文化的潜能，着力"人才复合化"，让学生终生感慨"大学无悔""青春无悔"，进而达到学校、学生"双赢"效果。

（三）开放办学，不断开拓"校企合作新模式"

高职院校应有专门人员研究市场经济发展的走向，走访调查身边大企业用人信息和用人标准，适时开设新专业，并根据用人标准改善学科建设，主动邀请大企业人力资源主管到学院讲解课程，促进学生全面成长。主动并低成本参与企业技术攻关，甚至参与"市场分析、公共关系、组合营销"等一系列发展策略的实施，让学生近距离"实战演练"，由院校出思想、出思维，由企业做决断。企业以实现经济效益为赢，院校以训练师资、培养学生为赢。

（四）与时俱进，主动适应大数据时代对学院管理的全方位挑战

学院的一切管理都须与普世价值观同向同行，才能赢得全社会的理解和支持。坚持"一个中心，三个基本点"的办学方向（以培养学生全面成长为中心，坚持教育教学科学化、坚持活动信息化、坚持人才复合化），以不断创新引领学院新发展，以不断设计的高品质、高品位活动吸引眼球，以学院微信、微博、网站为主要宣传阵地，再紧紧依靠各班建立的家长、学生微信群传播学院管理文化、渗透学院主旨思想，将优秀的学校形象源源不断地输送给社会，进而建立良好的知名度和美誉度。

总之，高等职业教育在我国突飞猛进，已经进入一个新阶段，这就是"发展＋提升"阶段。"人无远虑，必有近忧"，需要我们未雨绸缪，只有提前布局、提前调控，才能永立潮头、独步天下。

第二章 高等职业教育教学改革研究

第一节 互联网与高等职业教育

高等职业教育以培养生产、服务与管理为一体的高技能、专业型人才为主要目标，对社会生产率与生产质量的提升能够产生重要影响。现代信息技术快速发展的时代背景下，移动互联网开始进入到学生的学习活动中。通过手机、平板电脑等开展学习活动，满足学生的学习需求，对学生知识与技能的深入学习能够产生重要影响。本节将基于高等职业教育的实际情况加以分析，分析移动互联网的应用方式，希望能够对相关研究活动带来一定借鉴价值。

一、巧用移动互联网技术，搭建全方位交流平台

传统的高等职业教育过程中多采用"灌输式"的教学方法，教师讲解、学生倾听，学生实际在课堂学习中的参与度不足、话语量较少。移动互联网技术与高等职业教育的融合，能够为学生搭建一个良好的学习平台。教师可以借助微信公众号、QQ 或者教学 APP 等，构建一个便于学生与教师之间交流的平台。学生如果存在任何问题均可以通过软件实时向教师发出提问，教师也可以基于学生普遍存在的问题进行讲解，动态掌握学生的学习情况与学习进度。

教师还可以邀请毕业生、企业管理人员等参与到平台交流过程中，介绍当前企业中的实际工作现状、专业技术要求等。毕业生可以基于自身的工作经验，为在校生介绍个人的工作经验等，打造良好的学习与交流氛围。

二、提供丰富性学习资源，创新职业教育的形式

互联网技术在高等职业教育中的应用，可以基于学生的性格特点进行分析，融入更多学习资源，创新职业教育的形式，使学生能够感受到学习的乐趣，且可以借助移

动终端充分利用个人的碎片化时间进行学习，提升学生的学习效率与学习质量。

互联网技术的应用能够丰富学生的学习资源，且打破学习时间的限制、学习空间的限制等。比如，教师可以采用慕课等方式，融入大量的学习资源，鼓励学生自主学习或者合作学习等，打造开放性的学习环境。

慕课教学期间，可以将教学内容划分为若干个小板块，制作成为短小且精美的视频。课程教学视频时间控制在 5 分钟到 15 分钟之间，且课程平台多基于 Android 和 iOS 的移动应用 APP 予以设计，能适配大多数的智能手机屏幕，更有利于学生随时随地地移动学习。在此基础上，教师还可以借助"微课""网易云课堂"等各类在线教育网站开展教学活动，组织学生自主学习。学生可以通过互联网搜索各类学习资源，使自身成为学习的主人，并基于自身的专业能力、时间安排等灵活开展学习活动，比如，学生可以慢放内容、重放视频内容等，这充分尊重了学生的个体差异。

三、注重动态全程性反馈，构建多元化考评机制

传统高等职业教育期间，多比较关注课堂讲解、学生学期考试后的成绩等，但是对学生学习过程、学习态度以及价值观念的关注程度不足。素质教育理念下，需要转变教育评价的方式，注重全程动态性反馈，构建多元化考评机制。

比如，教师可以借助移动互联网对学生的某个单元、章节学习情况进行测验，了解学生对学习内容的掌握情况。互联网技术的应用下，能够使教学考核评价活动更加简单，且能够借助互联网实现实时测评。在各个单元学习内容结束之后，学生也可以通过互联网展开自主测评活动，了解自身的学习现状，且可以通过互联网参与各类模拟操作活动等，将理论知识与实践活动相互融合。

教学评价期间，教师不仅需要关注学生的理论课程考核成绩，更需要关注学生学习期间的创新想法、合作意识以及探究能力等，培养学生积极探索、主动研究的意识，增强学生未来的职业发展能力与职位竞争能力。教师可以通过移动互联网搭建良好的互动平台，学生可以借助互联网向教师提出问题、教学方法的相关建议，从而为学生综合素质的提升奠定良好基础。

互联网技术在高等职业院校教育期间的应用，能够实现"教"与"学"的智能化发展，突破学习期间时间、空间的限制。教师可以通过巧用移动互联网技术，搭建全方位交流平台；提供丰富的学习资源，创新职业教育的形式及注重动态全程性反馈，构建多元化考评机制等方式，改善传统高等职业院校教育期间存在的问题，挖掘学生更多的潜在能力，为高等职业院校学生提供丰富的学习机会，为其专业知识的深入学习及未来发展奠定良好基础。

第二节　高等职业教育校企深度合作

高等职业教育是培养我国专业型技能人才的重要组成部分。随着社会经济的迅速发展，社会对职业技能型人才的要求也越来越高。目前我国已经发展出一批具有特色的校企合作模式，但是仍然存在着一些问题，阻碍了校企之间的深度合作，因此，本节将全面分析目前阻碍校企深度合作的因素，并针对这些问题提出相应的解决措施。

一、高等职业教育校企深度合作过程中存在的不足之处

（一）校企深度合作动力不足

虽然当前较多高校对校企合作的重要性有了一定的重视，但是在具体的实践过程中，校企之间的合作仍然存在较多的问题，依旧停留在政策文件阶段，所以双方之间的合作仍处于一个表面化阶段，并没有提升合作的深度。该问题存在的原因就是二者之间深度合作的动力不足，此方面不足是由于双方之间在合作过程中并没有实现最大化的利益。学校与企业进行合作的目的就是促进学生的学习，使其可以进一步应用于实践工作当中，提高学生的实践能力，所以说，学校在进行教学工作中追求的是社会效益，希望可以以此来有效增强学生的专业素质并加强学校的相关科研成果。而企业与学校进行合作的目的是提升企业的经济效益。因此，当企业与学校进行合作时，若企业自身的利益没有得到充分的满足，那么其积极性就不能得到有效的提高，因而与学校的深度合作也没有饱满的热情。所以，要想进一步加大学校与企业之间的合作力度，就需要平衡双方之间的利益关系。

（二）相关管理运行机制不够完善

随着我国社会经济的不断发展，政府对校企合作在职业教育中的作用也越来越重视，但是目前推进该合作的相关法律法规的进程还是处于一个较慢的状态。目前，关于校企合作的指导性、独立性的文件与政策，虽然数量较多，但是具体的规章制度不够完善，对合作过程中的各项环节也没有做出具体要求。除此之外，目前高等职业教育校企深度合作过程中存在的主要不足，就是因为相关的管理运行机制不够完善。校企合作在具体开展过程当中，如果没有良好的体制机制进行引导，那么很容易造成整个工作流程无法顺利进行，给学生的教育带来严重的影响。所以，在日后的发展过程中，要想更好地提高高等职业教育校企深度合作的质量和水平，就必须不断完善相关运行机制，建立健全管理条例，运用更加全面和更加科学的教育手段和教育方法。另

外，相关的学校政策制度支持也是学校培养校企合作人才的有效办法之一。在这个过程中，能够为校企合作提供更加全面的制度保障，降低学校在校企合作方面出现问题的可能性，优化校企合作的教育环境。各地的教育部门还可以通过不断出台相应的政策推动校企合作的开展，提高校企深度合作的能力。结合当地的实际情况与企业具体的生产特点，引导校企进行合作，不断地提升合作的质量。

（三）双方进行合作的服务平台较为传统、落后

当前，随着我国信息技术的不断发展，各种信息技术被广泛应用于各行业的发展建设中，对加强学校与企业之间的合作交流工作来说也不例外。然而，具体结合当前各高校与企业之间的合作情况来看，缺乏了对"互联网＋"等先进技术的有效应用，这就使得双方在进行合作时，信息的交流平台较为传统落后，不能及时传递双方之间各类信息，进而导致学校与企业之间的信息产生不对称的问题。这方面问题的存在使得双方之间进行合作的投入成本较高而且合作的效率也较低。同时，缺乏对先进信息服务交流平台的有效应用，这就使得学校不能及时发现当前市场对各类人才的相关要求，而且企业也不能招聘到自己所需的人才，这种情况严重制约了双方之间的进一步合作。

三、推动校企深度合作的方法措施

通过上面的分析可以看到，目前阻碍校企深度合作的因素较为多元化。因此，本节主要从国家加大政策保障力度，建立健全管理机制，以及加强对信息技术的应用，创新校企合作服务平台形式三方面来全面阐述促进校企深度合作的方法措施。

（一）国家加大对校企合作政策的保障力度

由于目前学校与企业之间进行合作时，一些具体的规章制度不够完善，这就使得双方在进行合作时动力不足，企业对加强与学校之间的交流没有积极性。所以，在日后的工作当中，国家应当发挥自身的作用。首先，国家要健全相关的法律规章体系，并且要根据各地区学校与企业之间的实际发展状况制定适合各地区的规章制度，为双方之间的深度合作提供制度保障，引导其工作的顺利开展，为各项环节的有效推进提供保障；其次，国家要健全交易成本以及补偿机制，这样才能有效保护好企业参与到双方合作之间的积极性，借此才能确保学校与企业在合作过程中实现共赢。

（二）建立健全运行管理机制体系

目前学校与企业之间进行合作时，相关的管理机制较为传统、落后，阻碍了工作的顺利进行，影响了工作效率的提高，所以，在日后的合作过程中，要对运行管理机制的建立健全引起足够的重视。首先，政府要发挥主导作用，在学校与企业进行合作

时，对双方的利益进行一个明确的协调规定，并且要对双方的责任与义务进一步明确，这样才能推动该工作的顺利进行；其次，学校在与企业进行交流合作时，也要及时掌握行业的发展动态及方向、积极创新人才的培养机制，这样才能对学生的培养方案及时地进行相应改革，适应时代要求；最后，企业在参与校企合作时，也可以通过参与学校课程改革等各方面的工作，来积极为学校的改革发展推荐具有丰富经验的工作人员。

（三）加强对先进技术的应用，创新校企合作服务信息平台形式

除此之外，要想更好地提高高等职业教育校企深度合作的质量和水平，还需要加强对先进技术的应用，不断地创新校企合作服务信息平台的形式。在这个过程中，要不断丰富校企合作的形式，在传统教学中引入企业的力量，定期开展对学生的培养活动。在具体过程当中，为学生提供更加丰富的实践活动，鼓励学生到企业中进行生产实践和专业的实习活动，让学生体验更加深刻的实践过程。首先按照学校的课程进行安排，然后由企业的人员定期组织工作进行培养，通过不断引进先进的生产技术来丰富校企合作的模式，创建更多的平台，满足学生的学习需求。根据学校和企业合作的特点进行灵活的选择，结合本校的实际情况，确定不同的合作方式。通过创新校企合作服务信息平台，让学生能够获得更多有关于校企合作的信息，从而能够发掘出更加符合自身的合作模式，全面地提升校企合作的深度。

总而言之，要想进一步加强高等职业教育校企之间的深度合作，国家就要加大对该工作的政策保障力度，并且校企之间也要建立健全运行管理机制体系，学校也要加强对信息技术的应用来创新校企合作服务平台。希望本节中关于高等职业教育校企深度合作的措施，能够对日后校企深度合作工作的顺利开展提供借鉴参考。

第三节　企业参与高等职业教育治理

当前，企业参与高等职业教育治理存在以下问题：高职院校不够重视企业用人需求，行业协会的协助与支持作用未能得到充分体现；企业参与校企合作的补偿机制不完善，校企合作缺乏完善的信息资源共享平台；企业的主体性地位不明确，企业人力资本产权的配置有待完善。据此，本节提出了企业参与高等职业教育治理的对策：将专业标准与产业标准对接，促进行业协会科学化发展；建立企业参与高等职业教育治理的成本补偿制度，构建信息化平台；明确企业的主体地位，对企业的人力资本产权进行科学配置。

企业是高等职业教育的重要利益相关者之一。为了更好地履行社会责任，企业应积极参与高等职业教育治理工作。针对企业参与高等职业教育治理存在的问题进行深入分析，并提出相应的对策，有助于明确企业在高等职业教育治理工作中的权责，优化资源配置，从而有效激活企业参与高等职业教育治理的内生动力。

一、企业参与高等职业教育治理的重要性

第一，能够避免高等职业教育"决策失灵"。高等职业教育的发展不仅需要中央政府的宏观引导，还需要地方政府、高职院校、企业、教育专家、学生家长等主体的积极参与。当前，在制定高等职业教育决策的过程中，企业未能切实发挥作用，使得高等职业教育决策的科学性较差、时效性不强。唯有真正发挥企业的决策权，使企业积极主动地参与到高等职业教育治理工作中，才可以避免由政府主导决策带来的"决策失灵"问题，进而提升决策的科学性。

第二，能够提高高等职业教育公共服务质量。从高等职业教育的社会属性来看，其具备一定的准公共产品特征。政府必须保证高等职业教育的公平供给，但公平供给需建立在高效的基础上。目前，高职院校虽然处在快速发展阶段，但仍存在办学经费不足的问题。在这种情形下，如何高效、合理地利用现有资金非常重要。同时，在高等职业教育治理工作中，各地仍旧沿用以政府为主导的计划管理方式，不能发挥市场的调节作用，未建立健全企业参与高等职业教育治理的制度框架，导致本应有较大话语权的企业被排除在高等职业教育治理与决策之外，使得各高职院校未能将主要精力放在满足企业用人需求方面，而是放在处理与政府相关部门的关系方面。高等职业教育的本质是为企业培养对口的专业型人才，只有企业参与高等职业教育治理工作，才能更好地体现高等职业教育的特点，提高高等职业教育的公共服务质量。

第三，能够解决高等职业教育资源不足的问题。近年来，我国高等职业教育快速发展。高等职业教育已占据我国高等教育的半壁江山。尽管如此，高等职业教育仍然无法满足社会的需求。究其原因，主要是高职院校教育经费不足，造成办学基础设施薄弱、实习实训条件落后、师资力量不足等。要解决这些问题，必须提高企业参与高等职业教育治理工作的程度。政府应积极出台相关法律法规，激励企业举办或者参与举办高职院校。这样不仅能有效解决高等职业教育资源不足的问题，还能提高高职院校人才培养质量。

二、企业参与高等职业教育治理的问题聚焦

高职院校不够重视企业用人需求，行业协会的协助与支持作用未能得到充分体现。

随着高等职业教育改革进程的不断推进，高等职业教育人才培养取得了阶段性成果。校企合作已成为当前高职院校人才培养的主要形式，企业为高职院校人才培养提供人才、技术及设备支持。然而目前，校企合作仍存在以下几方面的问题：

1. 企业参与高等职业教育治理的积极性较低，究其原因：第一，高职院校不够重视企业用人需求。当前，高职院校在完善专业理论知识教学的同时，有意识地培养学生的职业技能，但没有将人才培养标准体系与行业技术标准体系有机结合，人才培养未能充分体现社会需求。

第二，行业协会的协助与支持作用未能得到充分体现，企业与高职院校的合作缺乏标准化合约。行业协会是指介于政府、企业之间、商品生产者与经营者之间，并为其提供服务、咨询、沟通、监督、公正、自律、协调功能的社会中介组织。高职院校开展校企合作人才培养模式无法离开行业协会的支持。当前，校企合作缺乏以行业内部管理制度为依据的标准化合同来约束双方的行为，这间接影响了企业参与校企合作的积极性。

2. 企业参与校企合作的补偿机制不完善，校企合作缺乏完善的信息资源共享平台。第一，企业参与校企合作的补偿机制不完善。在校企合作过程中，企业投入了大量的资金、人力、设备、场地等，然而并没有得到预期的经济效益。虽然政府先后出台了一系列鼓励和扶持企业参与高等职业教育治理的政策法规，但相关税收优惠、财政补贴等配套措施仍有待完善。

第二，校企合作缺乏完善的信息资源共享平台。在校企合作过程中，校企间缺乏交流平台、沟通渠道不畅，校企双方信息交流不对称，导致企业不能及时了解合作动态。

3. 企业的主体性地位不明确，企业人力资本产权的配置有待完善。第一，企业的主体性地位不明确，在高等职业教育治理过程中发挥的作用十分有限。企业在高等职业教育招生，以及专业人才培养方案、课程标准制定等方面缺乏参与权，导致企业优秀文化无法有效融入高职院校人才培养工作。

第二，企业人力资本产权的配置有待完善。人力资源是企业赖以生存和发展的核心资源。在校企合作过程中，企业投入了大量人力资本，但政府没有出台对参与校企合作企业的奖励机制，没有给予优惠条件，对企业的利益保护不到位，导致企业的人力资源成本过高。同时，参与校企合作的企业在人力资本产权上不具备完全独立性，导致人力资本产权争议与人力资本流失严重，进而使得部分企业只能将实习学生作为廉价劳动力使用，以补偿企业投入的成本。

三、企业参与高等职业教育治理的对策分析

将专业标准与产业标准对接，促进行业协会科学化发展。第一，高职院校具备市场化意识，将专业标准与产业标准对接。专业标准与产业标准的有效衔接是高等职业

教育治理体系的主要特征。高职院校应加强师资队伍建设,鼓励企业高技术技能人才兼职授课。这样有利于提高学生的实践能力和职业技能,为社会提供专业对口的有用人才。同时,由于实习学生尚未完全融入工作岗位,其产生的经济利益与企业普通员工相比相对滞后,因此,可以适当延长学生的实习期,尽可能安排合适的实习方式,为充分发挥企业在实践中的育人优势提供保证。另外,教育主管部门需积极促进、扶持行业协会的发展,同时以多种途径促进行业协会发挥作用,如与行业协会建立委托关系,鼓励行业协会参与到行业标准建立、人才市场研究与人才培养质量评价等一系列工作中,避免信息不对称导致院校和企业的资源浪费和人才培养方向的偏差,减弱交易的不确定性对企业参与高等职业教育治理造成的消极影响。

第二,通过制定标准化合约,促进行业协会科学化发展。要想尽可能避免企业参与高等职业教育治理的不确定性,首先需制定标准化合约。从本质上来讲,标准化合约就是企业参与高职院校教学过程应遵循的基本要求。就目前情况来看,为引导企业遵循标准化合约,除发挥行业协会的作用外,还需发挥政府的监督作用。政府的监督与保障有助于提升企业参与高等职业教育的积极性,并可能造成企业重复参与校企合作的现象,而这种重复性合作可以让企业深入了解院校的履约情况及人才培养流程,从而产生长期参与高等职业教育治理的行为。企业多次参与到高等职业教育人才培养工作中,不仅对于企业自身,而且对于院校、政府和社会等各方都是极为有益的。因此,在行业标准制定方面,政府应引导行业协会发挥自身优势,并给予行业协会参与制订实训方案的权利,实现实训方案与行业标准相衔接,避免信息不对称问题导致人才培养工作出现误差。随着行业协会的普遍设立,政府应自觉放权,鼓励行业协会推进校企合作、参与指导教育教学、开展质量评价等。另外,由于人力资本交易不同于普通交易,存在一定的特殊性,因此企业培训合约的正式执行应受到行业协会的监管。倘若校企之间发生冲突,则需行业协会参与协商解决,这样可以有效降低校企间的道德风险,进而打造政府、企业、院校、行业共同发挥职能的标准化平台,从而保障行业协会发展道路的科学性、规范性。

建立企业参与高等职业教育治理的成本补偿制度,构建信息化平台。第一,建立企业参与高等职业教育治理的成本补偿制度,实施选择性激励。政府应对积极参与高等职业教育治理的企业给予合理的补偿,但需把握好补偿的力度。目前,政府能够采取诸多手段补偿相关企业,如财政补贴、税收优惠等,这些手段具有良好的激励效果。然而,部分地方政府并未对企业的参与行为进行有效筛选,故而不能有效地发挥激励作用。为了引导企业真正有效地参与高等职业教育治理,地方政府应区别对待企业的积极参与行为与消极参与行为,制定赏罚分明的制度。对于为高等职业教育发展做出突出贡献的企业,应给予奖励,如提供贷款优惠、税收优惠、专项基金补贴等;对于不积极响应高等职业教育发展的企业，应给予一定的惩罚，如提高贷款要求等。

第二，构建信息化平台，保障人力资本收益。企业参与信息化平台建设可以为企业树立良好的品牌效应。经济激励与品牌效应都是刺激企业参与信息化平台建设的诱因，并且两者间存在一定的关联。除经济激励之外，企业还要获得大众的认可和良好的口碑，这样便可对潜在客户的消费偏好进行引导。因此，政府部门需搭建信息公开平台，完善社会激励机制，促进行业协会监督职能的有效发挥。如此不仅能监督企业在校企合作中的表现，还能在一定程度上宣传企业的品牌，增加企业的品牌资产。

明确企业的主体地位，对企业的人力资本产权进行科学配置。第一，明确企业的主体地位，优化企业内部治理结构。只有明确企业在高等职业教育治理工作中的主体地位，才能使企业根据自身的基本情况和用工需求参与治理工作，从而培养出符合企业需求的高技能实用型人才。因此，政府应明确企业在校企合作中的义务与责任，如招生权、专业设置权、企业文化的渗透权等，从而使企业真正参与高等职业教育治理工作。校企合作双方有终止合作的权利，当任何一方认为合作中有损自身利益的行为产生时，都可以提请终止合作。地方政府应根据当地的教育发展状况及企业的发展状况，优化校企合作环境，引导企业优化内部治理结构。

第二，对企业的人力资本产权进行科学配置，从而减少交易费用。促进企业积极参与高等职业教育治理工作需要具备两个条件：一是国家承担一定比例的企业支出，二是国家出台独立产权激励政策。若无法实现上述条件，则企业在大多数情况下并不会主动参与到高等职业教育治理工作中。从社会学视野来看，公共利益处于动态变化状态，只有当个人利益与公共利益重合时，个人才可能从群体角度采取行动。对于企业参与而言，一是教育主管部门应分割高职院校实习学生这一人力资本产权，对参与企业使用该人力资本产权的方式、时间等内容做出明确规定，以避免该人力资本产权流出企业。二是教育主管部门还需对高职院校实习学生这一人力资本产权进行限制，以避免未参与校企合作的企业"免费搭车"使用该人力资本产权，这有助于避免该人力资本产权稀释。

第四节　慕课对高等职业教育的影响

MOOC 是英文 Massive Open Online Course（大规模开放的在线课程）的缩写，翻译为慕课。慕课于 2012 年在美国兴起，随后在美国 Coursera、Udacity 和 edX 三大平台相继开课运营后，吸引了世界各地的学习爱好者加入，纽约时报将 2012 年称作"MOOC 年"，从此慕课成为网上学习的一种发展趋势。2013 年，清华大学和北京大学加入线上教育平台 edX，慕课正式进入中国，这在中国的教育界引起了很大的反响。此后，慕课在我国高校广泛传播，大学生纷纷注册账号通过手机、电脑进行学习，对教学效率的提升产生了很大作用。慕课是传统在线学习模式的升级版和加强版，得到了高校师生的青睐。然而，慕课对高等职业教育的影响很大，它对高等教育的教学模式、教学组织与管理等方面进行了改良，而且对高等教育模式提出了挑战，促使高等教育向终身教育服务转变。

一、对高等教育教学模式的挑战

慕课源于传统的课程，但优于传统课程，主要是因为慕课能够传递的信息量要远高于传统课程。另外，慕课不受时间、空间所束缚，能够将各种优质教学资源以相对低廉的成本发布给所有课程学习者。这种新型学习模式对以讲授为主的高职教育的传统学习模式影响巨大。慕课允许学生根据自己的学习兴趣自主选择课程内容，在学习过程中自由安排学习时间，不受学习地点影响，只要连接网络，就能实时高效地进行学习。通过网络平台进行慕课教学能够将课程内容大规模推广，让更多的人获取知识。另外，基于信息技术的高速发展，许多传统教育无法实施的教学环节都可以通过慕课进行开展。例如，学生学习的相关数据统计分析，如学生完成作业的准确度、参与度，通过对实时数据的统计分析，能够对学生的学习效果进行可量化的指标性评价，便于授课教师有效监控学习效果，调整教学内容，从而有针对性地引导学生进行自主学习。学生可以通过慕课平台及时了解自己的学习状况，并进行学习进度调整，从而养成良好的自主学习习惯。

当前我国慕课已经基本覆盖大学开设专业的主要课程，很多专业性较强的课程需要一定的基础和专业背景才能学习。在高等职业教育中，已经广泛开展信息化教学改革。其中，开发相应课程的慕课是主要的教学改革方向。很多教师已经利用慕课开展线上线下混合教学。这种教学模式对传统教学模式是一种颠覆式的改革。针对教学内容课上课下讲授方式区别较大，教师通过与学生在线交流讨论引导开展课程教学，并需要提前设计慕课能够吸引学生的讲授方式和内容。教师灵活运用慕课教学特点，开展课堂教学，学生接受程度更高，使得教学更加高效并且有吸引力。高等教育教学改革已经迫在眉睫，为适应新时代新形势需要，高职院校开展信息化教学已经成为必然。按照教育部"教育改革二十条"要求，我国高等教育在今后要大力开展信息化教学改革，将大力推广慕课教学改革与创新。

二、促进高等院校的合作与竞争

由于传统的高等教育受制于地域的限制，往往各自为政，整体来说，合作和开放程度远远不够，通常情况下国际的合作也仅仅局限于学院之间互派交换生或者科研合作项目等。高等院校的竞争力通常体现在学校的声誉、师资水平和科研成果等方面，传统的教学模式对加速学校的国际化进程效果不明显。

2012 年慕课平台的建立打破了各个高校的"壁垒"，各大慕课平台相继与世界各地的顶级院校合作，共同确立合作项目，合作开发课程，而且通过慕课平台收集到的各种数据信息进行相关的研究和改进。另外，部分地区的高等院校相继组建本地区的慕课联盟，在竞争中寻求发展。新的合作模式弱化了实体大学的边界，各个高校在虚拟的网络环境中与其他院校分享自己的优势教学资源，形成"线上校园"，对推动高等教育的国际化与开放起到了非常重要的作用。

目前的教育形势是数字技术在促使着教学的发展，大学在网络课程领域不进则退。数字技术是大学竞争力的必然选择。慕课已经迫使全世界的高校进入竞争状态，无论是主动的还是被动的，各个高校已经别无选择。因此，高校需要考虑各自的国际化战略和开放式战略。高校可以选择与一些营利性或者非营利性平台合作开发课程或是项目，从而提高院校的知名度。高校也可以依托地方政府和其他高校联合开发具有地方特色、适合本地区学习者的课程。另外，高校无论选择哪种战略合作方式都需要清楚一点：发展自己的特色，提升自己的"内功"修为至关重要。只有提升内在（包括学科内容的质量和优秀讲师的质量等），打造特色，才能通过平台展示自己，否则无法吸引更多的学习者加入，也无法实现院校的目标。

三、促使高等教育为终身教育服务

终身教育是学制教育的延续，面向全民，是正规教育的补充。它是持续的、贯穿一生的学习方式和行为习惯。终身教育包含广泛，只要有助于个人全面发展和完善的学习教育实践，均可被认为是终身教育。过去我国主要通过函授、电大教育、成人教育、老年大学等方式开展终身教育，但这些教育途径都存在教育资源有限、学习群体受众面窄、学习自主性低、学习效果差等弊端。随着网络技术的发展，慕课所具有的规模大、课程全、费用低、效果好等特点决定了它满足终身教育的要求，以后必然从高等职业教育走向终身教育。

（一）受众群体分析

慕课的受众群体是面向全民的，从学龄前儿童到百岁老人，只要能够连接网络并且想要学习的人，都可以获取他们所需的知识和课程。慕课没有学历等方面的限制，也没有过高的学费，不再受个人工作、贫富、学历等诸多因素的制约，使更多愿意学习的人能够获得所需的知识，受众群体广泛庞大。

（二）慕课教学模式分析

慕课教学内容与传统教学最大的区别就是它所讲授的内容相对比较碎片化，讲授时间一般在 10~15 分钟，时间相对较短，教学任务相对单一并且明确，从而使学习者能够快速学习课程内容而不枯燥。另外，学习者自己按照学习进度和掌握情况进行学习，自我管控更加灵活，从而为不同年龄、不同文化背景的学习者提供学习的机会。尽可能多地吸引有学习意向的人们参与课程学习，主要是依靠学习者的自主学习，彻底使传统的"要我学"变为"我要学"。

（三）慕课发展趋势分析

基于网络的慕课，天生就具有多样化和包容性的特点。学习者选择慕课，不仅仅是为了获取证书或学历，而是利用慕课上丰富且优质的教育资源进一步完善自我，提高知识储备，提升业务水平，拓展兴趣爱好，或休闲娱乐，等等。慕课可以涵盖生活的方方面面，因此，对于终身教育必不可少。在恰当的时间学习需要的课程将是一种发展趋势。

由于慕课的快速发展和普及，高职教育的范畴得到进一步的扩展，使职业教育向终身教育进行更加广泛的延伸。原有的职业院校教育体系对社会服务不足，主要是对学校学生职业技术能力的培养和学历的教育，仅仅局限在相对固定的年龄层次，对于中老年人群、下岗职工等群体职业技能再学习、再培训作用有限。慕课完全破除了传统意义上的壁垒，逐渐成为终身教育的推动者和引领者，使职业教育有了更加广阔的服务人群。职业教育在慕课的助力下服务社会的能力得到了极大的提升，社会各阶层、各年龄层的人群都能够通过慕课学习与之相适应的职业技能，学习变得高效便捷，高职教育也从院线教育逐渐拓展为全民教育、终身教育。

（四）促使教师由个人向团队合作转变

众所周知，一个学校办得好不好，师资力量是重中之重，教师对于一所学校的重要性不言而喻。然而，在高等教育阶段，教师除了上课之外，搞科研也是一项重要的任务。从目前高等教育的教师职能来看，只有一些研究型大学中设有科研岗，大部分高校的教师职能还是以教学为主。教师主要由专业教师以及行政管理人员两大类组成。但是，随着慕课的不断发展，高等教育也在不断发展，高校的人员组织形式也面临改组。

从慕课的整个实施过程可以发现：在课程刚开始创建时，需要有一位对课程领域十分熟悉的专家型学者来设计、把控整个课程的方向，由他首先提供这门课程的一个计划和蓝本，这决定着课程是否能吸引学习者的关注并激发学习者的兴趣。课程定位创建好了以后，紧接着就需要找一位优秀的主讲教师，这类教师首先要具有自己的教学特点和风格，课堂风格幽默风趣，教学经验丰富，知识渊博，因为他是整个课程的门户。有一项针对我国学习者对于慕课认同感的调查显示，学习者对课程的授课教师的认同感仅次于对课程内容的认同感，由此可见，优秀教师对课程成功的重要性。线上学习者一般是一些对线下教育模式和教师授课厌烦的人群，所以，如果还是按照线下的授课模式，估计学习者很快就流失了，因此，慕课要吸引学习者的"杀器"必须具有其独特的魅力。

上面提到的课程设计者和讲授者可以是一个人，也可以是一个团队。然而，慕课如果要良好运作，技术人员的专业支持也是非常重要的，比如，讲座视频的录制与剪辑、灯光音效设备的调试，以及教师讲课过程中可能会用到的一些教育技术的支持，或者是线上平台的维护，等等。此外，许多助教日常还要对论坛进行管理、对学习者在线答疑以及与学习者互动沟通。因此，慕课的运行使高校教师由单打独斗向分工合作转变，整个团队成员缺一不可，否则无法完成慕课的良好运作。曾有人评价慕课课程的制作就像拍一部电影，编剧、导演、演员乃至后勤保障缺一不可，团队的重要性可见一斑。

大学慕课已经在部分高校得到互认，但全国所有高校课程学分之间互认还存在一些客观问题的制约。这方面的讨论仍在进行，是一个循序渐进的过程。高校之间相互合作、积极开放课程资源为学习者提供了多种学习途径和选择机会，在课程内容的选择、学习时间的选择、学习环境的选择乃至职业规划系统的调整选择等方面都起到了积极作用。总之，慕课与高职教育相辅相成、相互促进。不久的将来，慕课将与高职教育形成线上线下相融合的教学方式。这种混合式的教学方式将使部分学校的公共基础课程不再需要专职教师来讲授，直接通过在线慕课的方式，利用成熟的优质课程资源进行课程学习，线上或线下考试获得对应学分。对于专业课程教学也可以通过慕课的方式将本校师资力量不足的部分进行弥补，教师角色将发生巨大变化。比如，那些授课优异的教师主要完成课程内容的最佳呈现；课程团队有些教师将转变为课程辅助性工作，如课件制作、线下辅导、资料整理分析等。在这些转变中，一旦教师角色发生改变，作为课程团队的成员，教学和科研能力都将得到进一步的提高，教学质量和科研质量也都将得到有效保障。

第五节　高等职业教育特色之逆向思辨

　　"特色"一词，在中国可谓一高频词汇。"特色"，因其与特别讲究"创新"的科教活动紧密联系，在教育领域特别是高等教育领域，"特色"总被极力推崇。此外，"特色"，还常与颇具商业色彩的"品牌"一词相关联（如品牌特色、特色品牌），因此，它又与策划、营销、传播等相联系。

　　中国高等职业教育历史短，基础弱，特色不彰，社会认可度不高。念兹在兹，唯此为大。早在2008年，安徽省就提出"科学定位、分类指导、多元发展、特色办学"的高等教育发展方针。教育部也在总结经验的基础上，于2015年印发了《高等职业教育创新发展行动计划》，各高校围绕"特色"纷纷行动，顶层设计加底层探索，着力打造特色。

一、相关概念之辨析

　　"特色"，若按古汉语分训之："特，牛父也"①，即牛角突出，壮硕健美的公牛；"色，颜气也"②，类若气色、气相等，如和颜悦色、色厉内荏等。合训之，则应该就是像牛群中的公牛那样具有不一样的架势和神气。现代汉语解释"特色"，则是指事物表现出来的独特的（一般也是正向的）气相、风格、气派等，如艺术特色、特色小吃、中国特色等。若通俗解释之，即"人无我有，人有我优，人优我特"。

　　"特色"一词的相似概念，有特点、特征、创新等。特点、特征，二者意义相近，皆指事物所具有的特殊或突出之处，或一事物异于他事物的特殊性。世界上万事万物都是个性（殊相）和共性（共相）的统一，所以才有"世界上没有两片完全相同的树叶"（莱布尼茨）。若从哲学原理推论，事物本来就是以其特殊性而存在的，从这一点来说，特点、特征，包括特色，是事物本来就有的，本无需多论。唯"特色"一词，虽为名词，但人们在使用时却带有强烈的动词倾向（意向性），如打造特色、提炼特色等，这样，在实践中它就与"创新"一词更具亲缘性，也经常连用，如特色创新、创新特色。

　　若细加考察，特色、特点、特征三个词，虽然意义相近，都是表示一事物异于他事物的殊异性，但它们还是有细微差别的。特点、特征，偏重于客观事物独特性状的描述和表征，特色则更强调这种独特性的显示度和辨识度，更加重视他者视角和公共评价。这是一种词语的强弱性差别。

① 许慎著.说文解字[M].桂林：漓江出版社，2018.
② 许慎著.说文解字[M].桂林：漓江出版社，2018.

　　一般来说，特色是事物的存在方式，没有特色，就没有存在之可能与必要。因为世界本来就是多样统一的生态系统。就特色概念本身来说，它是模糊的，没有统一的认识和明确的界定，完全取决于人们的主观认识和评价指标的设定。特色又是比较的范畴，只能是在一定范围内相对其他同类事物的比较而言，是在一定的评价指标下的相对优胜而已。因此，没有绝对的特色。

　　当今社会，特色之所以被抬高至至尊地位，恐怕与现代社会人们主体性的兴起和市场经济条件下竞争意识的凸显有关。大多数情况下，我们所言说的"特色"，皆带有较强的功利色彩和焦灼心态（如打造特色）。

　　大体来说，特色具有如下几个特征：

　　一是主体性。特色一定是特定的主体根据自身的特点（历史的和现实的），主动建构和长期实践的结果。它显然离不开相互学习借鉴，但又不能简单模仿、克隆。它的理想形态应该是独特风格和气派的生成，而不是脱离主体性的任意表征和照搬照抄。

　　二是时空性。特色具有两个维度：空间维度和时间维度。就空间维度而言，特色是在一定的空间氛围内同类相较（所谓有比较才有鉴别）的产物。如"中国特色高等职业教育"，一定是就世界范围内与其他国家高等职业教育相比较而论的。而特色的时间维度，则是指特色的历时性和一贯性，即特色不是一蹴而就的，一定是长期积累、积淀的结果。从这个意义上来说，特色是要有历史底蕴的。

　　三是公认性。特色虽然离不开主体的主动建构和宣介，但归根到底需要公众的接受和承认，即它具有一定的他者性，需要公众的认可、认同和口碑相传。特色的形成是一个复杂的过程，且往往带有一定的滞后性。

　　概言之，特色具有如下功能：

　　一为区分、识别功能。从哲学意义上来说，特色是事物的存在样态和存在方式。特色与事物是不可分的，没有无特色的事物，更没有脱离事物的特色，事事、时时、处处有特色。日常生活中，我们之所以强调特色，正是看中了它的这一功能，目的是在尊重规律的前提下，通过发挥人的主观能动性，提升事物的区分度和识别率。

　　二为吸引、凝聚功能。特色与知名度，尤其是美誉度密切相关。特色一旦形成并得到较好的传播，它就会吸引更多的关注，公众也会乐意为之付出。这样，特色主体就很容易吸引、集聚更多的资源和能量。

　　三为导向、激励功能。特定指标的比较会带来自我形象价值的满足感，会刺激主体将更多的资源投入特色的建设、维护之中。同时，特色也会为社会提供标杆和典范，从而会吸引更多的追随者和学习者。

二、多重路径之选择

职业教育是中国近代学校教育体系的一部分，发轫于晚清洋务运动时期，已有150多年的历史，而明确将高等职业教育纳入高等教育体系，只有短短的21年。受多种因素的影响，职业教育包括高等职业教育一直被视为"次等"教育。

但是在改革创新的时代精神影响下，高等职业院校从来不缺乏创新的热忱。也许，现实的境遇也提供了一定的压力和动力。仔细梳理高职院校"特色"的创生路径，其模式大致有三种：

一是概念化模式，即通过概念的操作"制造"出特色的模式。为应对评估评比、工作汇报或宣传以及招生等工作需要，各院校纷纷从办学定位、人才培养模式、专业结构体系、课程体系、实践教学体系、校园文化等方面仔细搜寻，着力描绘自身的特色所在。如院校定位方面，多以"立足这里、服务那里"，或"面向这里，辐射那里"等话语表达；人才培养模式则归纳为"×+× 培养模式""学徒制""工作坊"等；专业结构体系表述为"建设 × 大专业群，打造特色品牌专业，形成结构合理、资源共享、优势互补、协调发展的专业结构体系"；人才培养方面则描述为"开设必修、选修课程，实行学分制，建立了实验实训、见习实习、社会实践及创新创业活动在内的实践教学体系"。

实践中，有列举过去的办学成绩当成办学特色的，也有将办学特色的应然置换成实然的。

二是间接经验模式，即希望通过学习兄弟院校的新理念、新模式、新经验，转换升级或模仿，逐渐内化，形成自己的个性和特色。近年来，很多院校非常重视外出学习考察活动，且要求回校后都要记录材料进行汇报交流，可谓"一人学习，全校受益"。

三是直接经验模式，即秉持"三因制宜"，通过"持续不断的努力涵养不可替代的内涵"，经过时间的历练和淘洗，创造出自然流露出的或被感受到的"特色"。

简而言之，第一种模式可称为"说出来的"模式（或"写出来的"模式），第二种可称为"学出来的"模式，第三种则可称为"做出来的"模式。

教育场域中，那种通过公理演绎或概念套用而制造出来的所谓"特色"，并不少见。诚然，特色需要总结、凝练，形成文字（话语），形成理论（理念），也需要适度的宣传推广，但特色毕竟不是纯粹的文字游戏和概念推演，它不该是应景交卷的"急就章"，更不该是聊以自慰的"宣传语"。打造特色，同样离不开互相学习借鉴，但经验学习本身是一个复杂的"技术活"，并不能片面、机械地模仿。我们渴望获得别人成功的秘诀，却忽视了这些秘诀是不可以简单移植模仿的。所谓"一直在模仿，从来未超越"说的就是这个道理。因为校情不同，环境有异，如果还是一味地墨守成规，就表现出了思想的僵化和保守。简单的模仿和克隆，容易因为"水土不服"而导致"四不像"甚或迷失自我。不少失败往往源自机械克隆与简单拷贝。对于每个院校来说，贵在从他人身上汲取营养，成为独特的自己。而特色创新的直接经验模式则强调特色的校本化和本土性、实践性，体现出特色的"本我""由我""为我"特性。打造特色的过程，也是自我认知的过程。唯有知晓"我是谁""我要做什么"，才能明白"我要到哪里去"，以及"我应该如何去做"。同时，特色的创造也要求主体上的师生参与性和时间上的历时性，即师生参与、历代坚守、经年始成。虽然特色的形成离不开社会认可，口碑相传，但特色首先是为师生员工及院校的可持续发展服务的，并且得到师生的认同，即"同参与，可感知"。所谓"特色"，应该是自然表现出来的，而非精心编撰出来的；是能够被感受到的，而非疏离悬隔的；是得到同行或公众认可的，而非自娱自乐、自拉自唱的。它应该是立足本校，融通内外，胸有定力，行有目标，用师生双手和时间实实在在浇灌出来的果实。

三、矛盾关系之处理

细究起来，高等职业教育的特色问题，会因语境或问题域的不同而蕴含不同的含义，也会因比较的范围、层面和比较点的不同而呈现出不同的结论。首先，空间上，就国际比较来说，我们倡言打造中国特色的高等职业教育（或中国特色的现代职业教育体系）。在钦羡德国"双元制"的同时，我们也应从另一层面看到我国高等职业教育的独特性："专科层次高等职业教育是融合高等教育和职业教育的新模式，为我国首创，受到发展中国家欢迎"。[①]只不过前者是就办学模式来说的，后者是就办学层次定位而言的。就国内范围来说，不同省份或地区的高等职业教育，自会呈现出不同的特色来。其次，就整个教育体系内部的关系定位来说，高等职业教育，作为高等教育体系中的一个"类型"，同时作为职业教育体系中的一个"层次"，它理应有自己独特的办学特色，而不应办成普通高等教育的"压缩版"，或中等职业教育的"加长版"。最后，就具体高职院校来说，一校之内的所有要素、方面、系统等，样样皆可成特色。如办学模式、教学模式、教学科研等；又如，师资队伍、专业建设、教学改革、课程改革等；再如，教学成果、就业创业、社会服务、国际合作，以及党建思政、管理服务、校园文化；等等。以上均可谓"处处留心皆特色""所在皆为创新点"。

动态地看，我国高等职业教育特色的内涵具有典型的历史性。我国高等职业教育特色的内涵或主题，可以根据侧重点的不同划分为投入型、质量型和过程质量型三种类型或三个阶段，不同时期的院校特色建设无不带有阶段性特征。

一是投入型特色阶段。加大硬件投入和量的累积，以"高职高专院校人才培养工作水平评估"为契机，检视办学条件，补齐短板。这种以达标型合规性审查为主要目

---

① 江天凯,姚炜,陈春义.高等职业教育产教融合中的广义熵[J].中国成人教育,2023（14）：9-12.

的的评估，本质上属于外延式特色建设。

二是质量型特色阶段。强调"走以质量提升为核心的内涵式发展道路"《教育部关于全面提高高等教育质量的若干意见》（2012年）。围绕"科学定位、特色发展、创新发展、提高质量"的总体目标，实行"绩效评价"和"绩效报告"制度《教育部关于印发〈高等职业教育创新发展行动计划（2015—2018年）〉的通知》（2015年），这是对高等教育"同质化倾向"的反思和拨正，是对高等职业教育内涵式发展的自觉探索。虽然倡导"坚持内涵式发展"，但它在本质上还是属于外铄性的，而非内发性的，这从它"绩效评价"的对标志性的制度设计就可以看出。

三是过程质量型特色阶段。其标志就是《教育部办公厅关于建立职业院校教学工作诊断与改进制度的通知》（2015年）文件的发布，强调突出院校主体、质量为先、过程监控、自我保健、自我诊断、持续改进。无标性、举证法（证据链）、旋进式（持续改进）是这一阶段的主要特征。

就特色本身的形成来说，特色还具有层次性（阶梯性）。特色品牌的形成，一般呈现出四个阶梯，即特色点（单点或多点创新，如某高校坚持早操、某高校推出"一元菜"等）→类别特色（单个类别的创新，如体育文化特色或社团文化特色等）→系列特色（单个或多个系列的创新，如校园文化特色、培养模式特色、管理模式特色等）→系统特色（系统集成创新，形成院校特色品牌——办学特色）。可谓是一条"校以品传，因品显校"的特色之路。

笔者认为，办学特色本质上是多种创新方式的综合运用，贯穿于办学过程，体现于学校诸要素、诸层面。这就要求在办学过程中，特别注意克服趋同化和同质化倾向，综合运用多种创新手段和方法。人们把这些创新的成果集中起来——院校特色专业特色、课程特色……冠之以"特色"之名。

问题的关键不是要不要特色，而是如何打造特色，打造什么样的特色。为此，需注意处理好以下几个关系。

（一）底线管理和特色发展的关系

底线管理，要求通过制定各层面的"底线"标准，保住根本、兜住底线。高职院校"底线管理"内容包括意识形态底线、安全生产底线、规范办学底线、质量底线等。在学校、专业、课程、教师、学生等不同层面应建立完整且相对独立的(底线)标准体系。一堂课、一张试卷、一场考试、一门课程等也应当有"底线"标准。这些标准守住的是不可逾越的底线，是规范办学的基本要求和质量底线。但"下有底线，上不封顶"，因为这些标准又不是一成不变，不可逾越的，向上提升创新应不受限制。坚持底线管理，同时也为特色创新（创新创业人才培养和特色办学）预留巨大的空间，只不过从某种程度上来说，建立并坚守底线标准比建立"高大上"的标准要困难得多。

（二）跟跑与领跑的关系

他山之石，可以攻玉。特色创新当然离不开学习、借鉴（跟跑），特别是在事业的起步阶段。但学习本身是一个复杂的"技术活"，还常常伴随一定的风险和代价。首先是选择的风险。教育场域的新概念、新理念、新模式层出不穷，有些院校今天觉得这个好，明天感觉那个棒，还没来得及咀嚼、消化、吸收，就又被迫转入下一场学习运动之中，如此就会贪多嚼不烂，疲于应付学习。其次是"可学"与"不可学"的风险。技术层面、操作层面的东西是可以学的，"但当下我们面临的变革绝不仅仅在技术层面，更深层和关键性的变革，必然发生在组织层面、观念层面以及思维方式上"。而这些恰恰是不可学的，是不好学的。没有对纷繁复杂的职教理念的思辨性把握和创造性实践，好经也会被念歪。最后是失去自我的风险。盲目学习和机械模仿，因为其缺少了理性、执着和坚守，不免有东施效颦之嫌和自我迷失之险。因此，解读别人的同时还要读出自我。一个学校有一个学校的校情，如区域环境、行业背景、历史沿革、发展阶段、优势特色、瓶颈短板等。打造特色，需要结合校情区情，坚持传承和借鉴相统一，切忌丢掉自己本来的优势和特色，去追逐别人所谓的热门和时尚。

"优质校"就是标杆校、领先校，高职院校在建设过程中既不能照搬国家"示范校""骨干校"的建设经验，又不能互相抄袭。鼓励首创和领跑，形成"把优势转化为特色，错位发展、竞争发展、特色发展的职教新生态"。理应彰显"个性化"的特色，不能再次演变成新一轮的"同质化"局面。

（三）守正与创新的关系

正，即正道、正途。守正，要求守住本分、本质、本来，不离常识、常态、常规。守正和创新的关系有类于古人所谓"道"与"术"的关系，术虽万千，大道至简。创新，提倡打破常规，但并非"随心所欲"，还要"不逾矩"，即既要破规矩，还要守规矩。

创新，强调"新"，本质上是没有标准答案的，但不是没有标准的，这个标准就是高等职业教育之"道"（高等职业教育之为高等职业教育之本质规定），如高等职业教育应遵循的"三合"和"四梁八柱"等。

创新，强调"变"，本质上是面向未来的，但在畅想未来的同时，一定要不忘本来。创新，要求心有所定，行有所本。此处之"本"，有三层含义：一是学校的校情校貌、传统现实等；二是教育教学的本来样态（如教育常识、教学常规、家常课等）；三是教育教学改革的根本价值取向。高等职业教育所有教育教学改革，最终要落实到人才培养质量上来，落实到学生的关键能力、核心素养和可持续发展潜质上来。

相较于普通高等教育，高等职业教育没有历史包袱，没有现成模板，较少政策、资金支持，常被视为高等教育改革的突破口或探路者，但特色创新需要"谨慎的注意"。首先，创新有真创新，也有伪创新。单纯的概念创新就是伪创新，为创新而创新无异于瞎折腾。有人说，教育领域不缺理论、口号，缺的是常识，缺的是专注与投入。其次，创新一定是实践的创新。熊彼特在论述经济创新时一再告诫大家创新必须回到真正的实践检验当中。所以我们在谈到理念创新、观念创新、思想创新时，那还不是终级意义的创新，只是创新的准备。虽然思想是行动的先导，但理想还要照进现实，创新归根结底应当是实践的创新。

第六节　高等职业教育社区化办学的探索

基于终身学习理念的社区教育是建设学习型社会的基础，是加快学习型社会建设的重要途径和手段。学习型社会的提出使社会职能向社区教育转移，高等职业教育以教科研服务为基础向社会延伸，逐渐呈现出社区化的发展趋势。作为地方区域性的高等职业教育院校，以促进当地经济和社会发展为目的，以培养管理和技能型的应用型人才为职能，开展适合当地社区居民需求的非学历教育活动，服务于社区，有利于提升整体居民的综合素质。本节就高等职业教育如何探索社区化办学展开探讨。

一、高等职业教育社区化办学的含义

高等职业教育社区化办学没有确切的概念，简单来说就是依托高校的优质教育资源为社区教育服务。笔者所理解的含义是高等职业教育院校以终身学习的办学理念为指导，以实现全民综合素质提高为办学目标，采取依靠社区、服务社区并与社区相互融合的办学模式，利用社区教育"全员、全程、全面"的特点，充分发挥高职院校在人才、技术和资源等方面的优势，为社区居民提供基本学习服务、技能培训、就业指导与创业指导等，最终构建完善的终身教育体系，形成"人人皆学、处处能学、时时可学"的学习型社会。

高等职业教育社区化办学是将高等职业教育和社区教育的资源整合并与社区融为一体，相互促进、协调发展的一种办学模式。高等职业教育服务于当地社区的经济、政治、文化、社会和生态"五位一体"的发展，是社会发展的客观要求。社区教育目前已经在全国得到了普及和发展，但随着人们日益增长的美好生活需要的提高，居民对社区教育的发展提出了更高的要求。高等职业教育社区化有助于教育资源进行开发整合，有助于从学校教育向社会教育拓展，有助于职业教育和社区教育纵向衔接横向贯通，有助于终身学习体系的构建，有助于满足人们日益增长的美好生活需要。

二、高等职业教育社区化办学的缘由

从国外先进的办学经验来看，积极推进高等职业教育社区化办学，更倾向于面向社区和服务经济、以能力为本注重实践操作，其为各国的经济发展培养了优秀的社会人才。从国内的实际情况来看，积极推进高等职业教育社区化办学有利于培养服务当地社会和经济发展的应用型技能人才，对提高国民素质教育、职业技术教育，促进经济发展和保障社会稳定发挥着重要的助推作用，既是"五位一体"总体布局的需要，又是高等职业教育新发展的增长点，还能更有效地解决高职毕业生的就业矛盾，为当地社会培养"留得住、用得上、干得好"的技能应用型人才。

（一）时代进步的需要

高等职业教育社区化办学既是社会发展的客观要求，又是高等职业教育自身发展的需要，然而传统的高等职业教育影响较深，大多数高职院校仍然采取"招生录取—教育教学—学生管理—就业实习"的流程，学生、教师、教学内容、教学模式、教学方法、教学手段、教学资源、教学环境等教学因素形成了思维定式。而高等职业教育社区化办学就是要打破这种定式，转变传统的职业教育办学理念，统一办学思想，使高等职业教育与社区教育更好地融合。也就是说，高等职业教育社区化办学的办学理念就是高等职业教育要以终身学习理念为指导，利用社区教育全员、全程、全面的特点，充分发挥高职院校在人才、技术和资源等方面的优势，对当地社区的经济、政治、文化、社会和生态提供统一、合理规划的办学思路，以谋求高等职业教育更好、更快的健康发展。

（二）高等职业教育发展遇到瓶颈

高等职业教育的发展遇到了以下瓶颈：由于发展历史较短，各地高职院校均存在政策支持不到位的情况，严重影响了高等职业教育的定位和发展；招生实行优先保证本科的生源再加上本科扩招使得高职院校招生困难加大；生源素质偏低，录取分数线逐年降低导致学生文化素质不高；办学成本逐年提高；院校存在的问题，部分高职院校存在师资力量不强、专业设置与当地经济社会发展不匹配、课程体系不健全、"产学研"相互脱节等现象。

（三）社会需求多样化的教育形式

现阶段社区居民参与学习与教育的要求也日趋强烈，教育形式也就变成以学习者为中心的个性化和多样化的学习形式，从"要我上"到"我要上"、从"有学上"到"上好学"已成为常态。传统的灌输式、填鸭式、大班化的教育形式适应不了个性化需要，社区居民对教育部门所提供的教育形式也就要求多样化。比如，在学习资源、学习途径、学习时间、学习场所、学习节奏等方面自主性越来越强，在学校、教师、专业、课程的选择性等方面也越来越强。

（四）全民终身学习成为趋势

随着知识经济时代的到来，教育的发展逐步向全社会和全民终身学习方向延伸，社区教育、终身教育、终身学习、学习型社会等已成为近几年全民教育发展的趋势，全民终身学习已经成为建设学习型社会的基础。办好继续教育、加快建设学习型社会、大力提高国民素质成为新时代的新任务。新任务对教育的发展提出了新要求：在提高各级各类学校教育的基础上向社会教育拓展，构建学前教育、学历教育、职业教育、职业培训、休闲教育、老年教育等纵向衔接和横向贯通的终身学习体系。

三、高等职业教育社区化办学的意义

建立高等职业教育和社区教育之间的联动机制，既可以满足高等职业教育学生拓宽知识面和就业面的教育需求，又可以满足社区居民多方面、多层次的教育需求；既可以满足推进高等职业教育的科学发展，又可以满足加速终身学习体系的构建。

（一）拓宽高职学生知识技能

社会上转型发展的需要：目前我国社会正处于转型时期，积极推进高等职业教育社区化办学可以提高国民的综合素质，为实现"两个一百年"奋斗目标和中华民族伟大复兴的中国梦提供重要保障。经济上的需要：我国目前经济正处于调结构、促转型时期，提高国民的职业技能和素养，培育和践行社会主义核心价值观的职业精神是国民教育的基本任务。国际成功案例的借鉴：美国的社区教育和职业教育进行了有机的结合，学生完成社区学院课程后可凭学分转入大学，社区居民也可通过基础课程学习提高文化素质，为美国经济发展提供人才。

（二）满足社区居民终身学习需求

高等职业教育社区化办学，可以凭借充足的教育资源满足社区居民的需要，优化当地社区居民素质。终身教育体系包含学前教育、学历教育、职业培训、休闲教育和老年教育等各类教育形式，各类教育形式互相补充、相互协调，发挥各自优势。终身教育体系将单个的、零散的教育资源进行整合，最大限度地满足社区居民多方面、多层次、多元化的终身学习需求，为建设富强、民主、文明、和谐、美丽的社会主义现代化强国打下坚实的人才基础。

（三）引导高职院校的科学发展

高等职业教育社区化办学，可以凭借强大的政策支持来促进高职院校的科学定位和发展。如此能有效实现学校、企业和社区的互动和产学研的结合，更好地适应当地社会经济的发展。高职院校根据市场对人才的需求，及时调整办学模式、专业设置、课程设置、教学方式、培养目标和就业导向等，培养有文化、留得住、懂技术、善沟通的高素质的技能应用型人才，从而为高职院校的科学发展起到引导性的作用。

四、高等职业教育社区化办学的措施

（一）创新办学理念

高等职业教育社区化办学，可以凭借灵活的办学机制优化人才培养模式，不断适应社会发展对人才培养的要求，实现高职院校与当地企业、社会机构、社区等的资源共享，提高技能应用型人才的培养效率。学生可以在当地企业、社区享受高等职业教育优质的教育资源，结合实践课程并根据高等职业教育培养目标加强理论、技术和技能的学习与训练，拓宽学生知识的全面性和专业的灵活性、适应性，提前适应企业的需求，以便快速完成人才培养和就业的有机衔接。

（二）明确办学目标

高职院校根据办学理念的定位，明确办学目标，建立以实现全民综合素质提高为宗旨的办学目标。高等职业教育社区化办学必须明确以服务社区经济和社会发展、培养高素质的技能应用型人才为办学目标。这个目标是高等职业教育办学的根本原则，对高等职业教育的建设和发展具有全局性重要意义，对高职院校的办学质量和办学效益提升有着促进作用，对教育目标的实现和高等教育工作的成功起着决定性的作用。

（三）优化培养方式

高职院校根据办学目标的定位，不断优化培养方式，建立多方合作的培养方式。高等职业教育社区化办学需要多方通力合作、协同创新学习者的培养方式，采取依靠社区、服务社区并与社区相互融合的联动发展，利用高职院校在师资力量、专业设置、课程体系、教材、数字化技术应用、行业指导作用、教育评价等各个环节的优势，通过在社区开展职业培训、继续教育和文化休闲教育等课程，使课程内容与职业标准对接、教学过程与生产过程对接、职业教育与终身教育对接、人才培养与产业需求对接，培养服务区域经济和社会发展的技能型人才和公共服务型人才，以满足社会对人才的需求和学习者的学习需求。

（四）满足多元学习

高职院校根据培养方式的定位，针对社区居民的学习需求，满足他们多元化学习的需求。高等职业教育社区化办学的内容就是以社区的具体需求为导向，本着主体性、系统性、多元性、融合性、开放性、个性化和协调性的原则，针对社区居民的需求来开设多元多层的、灵活多样的、内容丰富的社区课程，课程涵盖从幼儿教育到老年教育、从文化教育到职业教育，向社会全面开放社区的服务设施和数字化资源，如岗前培训、职业培训、知识讲座、创业指导、再就业培训、文体活动、竞技比赛、继续教育、休闲教育、专题活动等社区资源。

（五）整合教育资源

高职院校根据多元学习的需求，整合教育资源，建立资源共享的机制。高等职业教育拥有丰富的教育经验、技能、资产、制度、品牌、理念、设施等优势资源，社区教育拥有管理、服务、文化、居民等优势资源。社区教育的发展就需要将自身与高等职业教育的优势资源进行整合。

资源的整合主要包括：

（1）加大在财政资金方面对社区教育进行扶持的力度，提升社区教育的硬件实力。

（2）加强在教育资源方面向社区教育进行开放，提升社区教育的软件实力。

（3）增加高职院校与社区教育师资互动交流，提升社区教育的人员保障。

（4）创建社区的精品化教育品牌，提升社区教育的影响力。

（5）构建学习成果积累、转换和兑换的学分银行体系。构建学分银行体系可以为终身教育的发展提供途径，通过学分的积累、转换和兑换为学习者搭建自主学习平台，利用模块化和学分累积的模式，实现不同教育机构之间的资源共享。

（6）建立学习成果互认与转换的标准体系。学习成果互认与转换的内涵标准是各种学习成果互认的共同标准，主要是学历教育和非学历教育的课程学分认证标准。学历教育的专业和课程之间的对应关系、课程学分标准、职业资格等认定为标准的学分。非学历教育机构颁发的职业证书和培训课程、社区活动、继续教育等认定为标准的学分。这样对于各类教育之间学分互认就有了统一的标准。

（六）构建学习体系

构建终身学习体系，形成"人人皆学、处处能学、时时可学"的学习型社会。高等职业教育社区化办学是构建终身学习体系的理想途径之一，以教育社会化、学习终身化为主线，树立全民的学习意识，变"要我学"为"我要学"，不断探索构建终身学习的模式与方法，持续推进学习型城市、学习型企业、学习型家庭、学习型个人、百姓学习之星的建设，加快建立起适合全民更灵活的学习体系、更畅通的学习渠道，搭建起人才成长"立交桥"，推进学习型社会建设。

（七）健全制度保障

高等职业教育社区化办学在我国尚处于探索阶段，有一个从自发走向自觉的过程，这就需要从教育体制的内部和外部建立一套严格的、科学的体系来保障其顺利运行。需要建立健全的制度主要有：一是政策支持方面，提供法律保障。二是组织机构方面，提供领导保障。三是资源共享方面，提供硬件保障。四是资金投入方面，提供财政保障。五是师资力量方面，提供人才保障。六是宣传方面，提供环境保障。七是社会监督方面，提供运行保障。

总之，高等职业教育社区化办学具备了高等化和社区化两种特征，成为终身教育的重要载体，为高等职业教育未来的发展指明方向，通过高等职业教育、社区教育和终身教育的相互融合，实现高等职业教育和终身学习体系的互相促进、互相协调，使高等职业教育更好地面向社区提供相应的服务，推动实现全民教育、终身教育，提高整体国民的综合素质。

第三章　高等职业教育创新教学模式

第一节　加拿大高等职业教育的模式

在加拿大，促进劳动者在就业能力上的增强、劳动者素质的提高都是社区学院所要承担的责任。社区学院还要在政府的提倡下实行自主办学，培养出市场所需要的各种实用型人才。制定政策激励社会各行各业积极参与到职业教育中来，监管质量等都是通过政府的宏观调控来进行的。学校、企业、政府想要形成一个密切联系的完整系统，三方务必要做好本职工作、担负起自己应有的责任，互相之间应有评估、指导、投资、反馈等一系列必不可少的手段。

一、加拿大高等职业教育的模式

（一）与学校建立合作伙伴关系

"co-op 课程"（"带薪实习课程"，这一课程模式就是一学期学生在学校里学习，一学期到企业去工作）得到了积极参与。在各个层面上各企业、行业协会和职业学院都建立了良好的合作关系，形式灵活多样。企业还根据不同地区和行业的不同需求与职业院校一起开办专业，不再是像过去那样捐献物资、捐献资金以及捐献设备；实习场所的提供，给职业院校在实践课和实习上都带来了很大的便捷，有助于实践课和实习更好地开展；积极参与"co-op 课程"，通过学生深层次参与培训内容设计、培训计划的实施，再进行近距离的观察选择出合适的员工，同时企业可以更好地了解学校的情况，为进一步与学校合作奠定良好的基础。

（二）政府高度重视

在加拿大，各省份和地区负责教育的管理工作。政府通过多项手段实现对教育的宏观管理，包括立法、拨款、外部评估，教育质量的提高可以得到充分保障，还可以更好地协调就业与教育之间的关系。政府给加拿大公立职业院校提供了 45% ~ 60%

的办学经费。针对上一年全日制注册学生人数，省政府给予学校专项拨款。学校的办学经费来源有两方面：一是政府的拨款，二是学生的学费。安大略省政府针对就读该省的本地学生提供贷款援助。获得贷款资金比率较高的是公立的、办学质量优秀的、就业率好的学校，这类学校对学生有着很大的吸引力，学生多了，学费收入也随之增长。其他经费来源于社区和企业捐赠以及项目合作等。

（三）教师专业化水平较高

加拿大职业教育教师队伍的显著特点是专业教师的实践能力和动手能力较强。首先是历史原因，欧洲的"学徒制"对加拿大的职业教育影响非常深刻。加拿大现代意义上的职业教育是在 20 世纪以后出现的，较快的发展时期出现在 20 世纪 60 年代以后。工商界的力量在加拿大的职业教育发展史上有着举足轻重的地位，工商界为加拿大的职业教育提供了诸多帮助。传统的作坊和工厂随着加拿大工业化的不断发展，渐渐地开始被教授各种专业生产技术的技校所代替，并在当时成为加拿大进行职业教育的重要场所。其次，为了更好地适应工业化的发展，加拿大政府大力扶持职业教育，在政策、资金、法律等方面提供了很好的支持，推动了加拿大职业教育迅速发展。加拿大独树一帜的学校管理和教育体制，对当今职业教育的发展起了促进作用。

二、加拿大职业院校的教学理念

（一）以人为本

加拿大职业教育的方针非常明确，就是以为社会培养实用型人才为原则，以经济产业为导向，以学生培养为中心，将发展职业教育作为一种产业来经营。学校就好比是一个工厂，而学生则是这个工厂所生产的产品。加拿大的义务教育普及程度较高，普遍实行免费义务教育。对于义务教育以后的教育，其教育界提出了一个很好的理念，即"中学后教育"，它既涵盖传统意义上的职业教育，也包括以社区学院为代表的高等职业教育，还包括各行各业培训协会举办的学徒培训。这种教育体系不论层次高低，强调的是教育类型的不同特点，突出强调高职教育是一种独特的教育类型，而不是比本科低一等的教育。

（二）依法治校

加拿大的高等院校以法律的形式来保证学校的正常运行，对于相应的事件做出必要的法律规定，让治校可以有章可循，对于学校的一切事物都可以做到有法可依。学校依靠法律管理日常事务，比如，学校正常运行的管理、学生的相关政策的制定过程、知识产权的维护、向国家缴纳相关税务、劳工合同的签订、学校职工的养老问题的解决、学生考试的作弊问题等所有的学校事务，都可以以法律的形式加以管理。此外，学校可以仿效国家法庭的形式设置学校内部的小法庭，专职处理学校中的事物。其所管辖的范围主要包括学生考试作弊的处理、日常行为规范的管理、损害学校名誉的处理等问题。小法庭的成员组成应当是学校内部人员，也可以是一些学生代表，而法庭的主事人员则需要从校外聘请专业人员担任，以保证案件的处理公平公正。以法律的形式管理学校可以让所有人员在日常生活中更加自律。

三、对我国职业教育的启发

（一）加强校企合作

高等职业教育是一项极其复杂的事情，而学校和企业的合作办学更是一个艰难的过程，需要地方政府、学校以及企业的共同努力。这一切要想顺利地开展就必须由学校提供足够优良的职业教育资源。当然，有了好的教育资源也可以吸引更多的优秀企业参与到校企合作中来。要顺利地开展校企合作，政府部门所能发挥的效能也是不可忽略的。因此，政府部门应出台相关的政策以鼓励校企合作的发展，政府在制定相关的政策的同时也要充分考虑当地的经济和人文特色，以做出准确的定位。学校在开展校企合作的时候也应结合自己的特色以及本地区的企业人才需求，设置专业，合理开设课程，把对学生的培养目标落到实处。将教育水准和学生的自身素质提升到一个新的高度，让学生可以把学到的东西顺利地应用到工作之中。学校办学要办出自己的特色，应以提升学生的综合素质为目标，这样才能获得政府部门和相关企业更多的支持和关注。

学校和企业可以通过学校教师和企业职工互相交换的模式，安排教师到企业相关的岗位上进行实践，安排企业中经验丰富的职工担任兼职教师。这种交互的岗位互换模式可以极大地丰富教师队伍的知识储备，让教师有更多的实践经验，也可以教给学生最实用、最有效的操作方法，而不是一味地讲解课本知识，呆板地开展教学。学校在招聘教师时应当优先录用有过企业经历的人员。只有学校和企业建立起有效的交流机制，才能让校企合作机制更好地运转，才能培养出一支有过硬的专业素质的教师队伍，从而培养出高素质的学生。

（二）强化师资队伍建设

优秀的教师队伍建设是一项比较复杂的工程，其中包括严格的人事选取标准、完善的人才选定体系。学校应结合自身的特点，选择适合自己的人才，建立合适的奖惩制度，从而激发教师的工作积极性。学校应积极地开展相关教师培训工作，不断提升教师自身的综合素质。对于职业院校来说，教师的实际操作能力就显得尤为重要了。著名的加拿大百年理工学院就是因为拥有一套极其成熟的教师培训体系，所以才可以培养出一大批优秀的职业教育人员，教师有高的素质，教出来的学生则更容易适应社会和相关企业的需求。我国的职业教育可以以此为鉴，努力提升教师的实践操作能力，增强教师的职业性。对于教师的培训不要再停留在传统的学历提升上，而要根据教学需求，对教师进行有针对性的培训，安排教师到企业一线参与实践，增强其动手能力，从而达到提升教师专业技能和综合素质的目的，进而提高教学质量。

（三）加大政府支持力度

在我国农村，因为经济等方面的压力，很多学生都是读完初中就辍学了。基于此，发展农村的中职教育是一项很有意义的事情，政府部门可以逐渐实行中职教育的免费教育，让更多的农村适龄青少年接受教育、提升其素质，以培养出建设新农村需要的人才。一般来说，要提升学生的自身素质有两种办法：一是通过普通高中的文化学习，再进入大学学习。二是通过中职教育，学习专业技术和文化，成为某一方面的专业人才。结合我国的实际情况，不难发现，中职教育更适合大多数人的发展。国家应通过相关的政策支持，逐渐实施对中职教育的免费教育。

另外，相关教育人员要继续深化职业教育的专项性，全面提升职业教育的质量。在未来很长一段时间里都要将提升专职教育的质量作为教育事业的重点工作。要做到发展和质量同时抓，将教育的质量、体系结构和效益发挥到最大，加强专业建设和课程改革，以满足当前的社会需求。积极推行校企合作机制，让行业内部、学校以及企业都参与到职业教育中来。把教师队伍的建设作为工作的重点，提升教师的综合素质，只有教师有较高的综合素质才可以教出更加优秀的学生。

诚然，加拿大的高等职业教育有很多值得我们学习的地方，但是，我国地域广阔，各地区之间存在文化、经济、科学技术发展水平等方面的差异，我们应当在借鉴的基础上制定出适合我国国情的教育政策。只有应用符合我国国情的教育管理体系，才能更好地推动我国高等职业教育事业的稳步发展。

第二节　高等职业教育学徒制培养模式

现代学徒制有别于口传手授形式下的传统学徒制度，是一种强调产教融合、校企合作、协作育人的新型人才培养模式，是实现由中国制造向中国智造转变的有效途径。当前，全国各大高职院校正积极开展现代学徒制的试点工作，虽取得了一定的成效，但仍存在一些问题，主要表现在政府相关制度和措施不健全、学校教学质量跟不上、企业积极性待激活、社会对学徒身份认可度待提高等方面。因此，建议政府加快相关体制、机制建设，院校加强相关教学质量管理、双师型教师队伍建设，引导企业积极全方位参与，从而提高学生社会认可度，推动现代学徒制的有效开展。

目前，我国职业教育规模已经稳居世界第一，职业院校毕业生已经占到每年新增劳动力的 70%，职业教育质量将直接关系我国经济的健康发展。高等职业教育主要解决培养什么人、用什么培养人、怎样培养人三方面的人才培养问题。西方发达国家的高等职业教育以及在职培训已形成一个比较完整的体系，如德国的"双元制"人才培训、瑞士的现代化统筹管理人才培养模式、英国的分层次人才培养模式、澳洲的学徒制和培训生制混合制模式，形成了针对各自不同国情的工学交替人才培训模式，实现了三方面人才培养的有机融合。目前，我国开展的现代学徒制的人才培养模式的主要理论依据是德国"双元制"模式，但由于德国的教育环境和认知与我国存在较大差别，因此照搬实施困难较多，解决问题的对策、方法也较为繁多。因此，本节将对在高职院校中开展现代学徒制培养过程中出现的问题进行简要剖析，并提出针对性建议，以供参考。

一、现代学徒制存在的问题

截止到 2022 年底，我国现代学徒制试点单位已经增至 562 家，首批 165 家中只有 124 家通过验收。在试点工作中，虽然部分院校取得了不菲的成效，但是从企业对人才的需求上来看，现代学徒制并未突破人才供给侧的瓶颈，企业在技术型人才方面依然存在"一工难求"的局面，试点单位也未为大家提供一套可复制的实施标准方案。现代学徒制在实际推行过程中暴露出的一些共性问题和不足，主要集中在政府、学校、企业和学生四方面。下面将对以上四方面存在的问题进行详细阐述。

（一）政府相关制度和措施不健全

近年来，教育部紧跟"中国制造 2025"等国家经济发展战略步伐，多次出台关于强化高职教育和现代学徒制建设的指导性文件及建议。但是，现行的政策法规和措施在现代学徒制具体的实施过程中仍然存在明显的不足和偏差。

1. 规范统一的政策、法律法规匮乏

现代学徒制在实施过程中需要政府、院校、企业和学生多方共同参与，其中政府层面的顶层设计和政策支持在现代学徒制工作中起着主导和统领全局的作用。李克强总理虽提出了"开展校企联合招生、联合培养的现代学徒制试点"这种建设性的意见，但与之相关的法律法规，如《中华人民共和国高等教育法》（2018 年修订）《中华人民共和国职业教育法》（2022 年）以及《中华人民共和国劳动法》（2018 年修订）中均无相关条文明确现代学徒制的法律地位，也未在校企合作双方职责和权益方面做出明确界定，这就导致参与方缺乏法律约束和利益保障，不利于现代学徒制的开展实施。

2.行之有效的保障措施匮乏

政府对现代学徒制的宣传力度明显不足，导致在大部分学生和家长眼中现代学徒制是无奈的选择，对于现代学徒制及职业教育依然存在巨大的排斥和抵触。同时，不少企业也没有充分了解现代学徒制在自己企业健康可持续发展中的重要作用，他们只是敷衍地完成自己的工作。政府也未设置相关部门或者科室负责相关工作，对参与企业没有明确的财政补贴或税收减免等经费投入和政策、法律法规的保障措施也增加了职业院校现代学徒制建设的难度。

（二）高职院校教学质量待提高

高职院校是现代学徒制工作的关键一环，就目前已开展试点工作的学校建设情况而言，其教学质量的高低决定着现代学徒制的成败。

1.专业建设与企业需求脱钩

企业在现代学徒制培养过程中作为办学主体，其参与度并不高。大部分高职院校的专业建设仍由学校主导，由相关教师出台制订相应的人才培养方案、专业课程标准和评价体系，其结果造成学生所学专业知识在后续的工作中与所需的岗位技能不匹配，也不能满足企业对人才的需要。

2.双导师人才队伍建设滞后

2014年在《关于开展现代学徒制试点工作的意见》文件中，教育部明文规定现代学徒制的教学任务必须由企业师傅和高职院校教师一同担任，形成双导师制。不幸的是，在人才培养过程中，学生仍过度依赖于学校的专职教师，而很少看到企业师傅的身影。近年来，双导师的比例虽然有所提升，但是企业导师的数量仍不能满足需求，同时由于企业导师的资质和上岗资格没有明确、可操作的标准来参照执行，双导师队伍的质量也参差不齐，因而学生实践的效果不佳。

（三）企业态度不积极

当前，在现代学徒制的试点工作中，政府和高职院校态度较为积极，而企业作为现代学徒制培养的主体之一，态度较为冷漠，主要包括两方面原因：一方面，由于企业背负着较大的生产任务，再加上奖励和税收等激励政策不到位，企业师傅难以抽出大量时间完成相应的教学任务，从而造成学生的培养方案成为"一纸空文"。另一方面，企业在学生实习过程中的岗位难以设定。对于技能素质要求高的岗位，学生因经验和能力不足，不能胜任；而技术要求较低的岗位，学生又觉得没有得到相应的尊重，学习积极性低下。同时，学生在企业实践过程中使企业的产品质量和生产效率都受到不同程度的影响。

（四）学生与学徒"双重身份"一体化难以实现

学生作为高职院校和企业的被培养对象，在现代学徒制的培养过程中应具有学生与学徒的"双重身份"。通过对试点高职院校的走访调研发现，学生与学徒"双重身份"一体化没有真正落实到位。通过简要分析，主要表现为以下两个原因：一是政府和高职学校对现代学徒制的宣传方式和力度不足，致使学生和家长对现代学徒制认识不全面、不深刻。在传统的影响下，他们片面地认为学习知识就应该在学校，而不应该去企业做"操作工"充当廉价劳动力，这使他们从内心抵触"学徒"这个身份。二是就读高职院校的学生对自己的职业规划较为欠缺和模糊，学生并不清楚自己所学的知识和专业技能是否有用，所实习单位是否为自己的就业单位，致使其作为学生和学徒的学习积极性偏低。

二、完善我国现代学徒制建设的对策建议

（一）政府完善相关法律法规，强化保障措施

无论是从校企合作的角度，还是从学徒身份认可的角度，推进现代学徒制都必须具备相对应的制度环境。通过国家层面的顶层设计，政府部门自上而下建立行之有效的制度和管理体系，通过相应的政策、制度来指导高职院校和企业开展现代学徒制工作，通过相关法律法规保证各方权益和责任。具体对策和建议包括三方面：①完善现代学徒制相关制度制定。界定校企双方产权秩序，提高企业单位在人才培养中的积极性；根据行业特点制定统一的职业资格认证制度、双师评聘制度、学徒培训制度；强化培养学生过程中的教学评价管理，优化专职教师、企业师傅、学徒的考核制度等。②制定相关激励措施。对参与学徒制培养的高职院校和企业提供相应的财政补贴、税收减免和优惠政策等方面的政策支持，提升企业单位和高职院校承担职业教育的办学责任，弥补企业经济发展的需要，强化其责任感和服务意识。③建立相关法律法规和强化相关学徒制宣传，增强学生和家长对"双重身份"的认同感，切实保障"双重身份"的社会地位和合法权益。明确现代学徒制是一种培养途径而非终点，从政策上打通参与现代学徒制学生的升学之路。

（二）高职院校深化教学改革，加强师资队伍建设

高职院校要深入企业进行实地调研和论证，全方位掌握合作企业的相关岗位需具备的专业知识和技能要求。在课程设计和专业内容建设方面，通过高职院校和企业共同协商，制订最合适的人才培养方案，实现专业设置与企业需求"零距离"；在培养过程方面，根据自身专业特点和企业生产安排，实现"旺工淡学"式学徒制实践模式，开展工学交替;在教学管理方面，落实弹性学分学制和灵活考核等方式，保障学生培养质量。

学校需要加强专业性的双导师教学队伍建设，一方面激励本校专职教师去合作企业实践锻炼，另一方面吸引企业技术人员加入本校教学队伍。具体方法：①学校应该完善专职教师的晋升机制，对于取得双师资格的本校教师在职称评定和薪酬待遇方面给予更多考量。②加大人事制度改革力度，疏通高职院校和企业单位的人才通道，实现学校和企业人才互聘、资源共享。

（三）企业强化人才培养，提高品牌价值

企业作为现代学徒制人才培养的重要途径，决定着现代学徒制人才培养模式的上限。合作企业需要明白现代学徒制的人才培养模式对于企业可持续发展的重要意义和社会责任。首先，企业的发展离不开人才，企业自己辛苦培养的人才更加懂得自己的企业文化，更适用于岗位的人才需要，对企业忠诚度更高；其次，企业参与人才培养的过程会在无形中增强企业的社会服务意识和提升群众心目中的企业形象，提高品牌价值；最后，通过与高职院校人才互聘，既可满足企业对高端人才的需求，又可提升自己的研发力量。

（四）学生明确职业规划，提升知识技能

政府、高职院校和企业应该都明白现代学徒制的核心是培养高素质人才，因此，应该根据学生的认知心理和学习习惯制定更加适宜的相关制度、标准、方案以及措施。同时，学生也应该关注国家的经济发展形势，根据发展的趋势合理制订符合自身发展的职业规划，做出合理的学习计划和职业规划，树立"活到老，学到老"的理念，注重专业能力和职业素养的提升。

现代学徒制是解决新旧动能转化的重要途径，也是满足我国经济发展过程中对技能型人才需求的重要抓手。本节基于目前高职院校试点的现代学徒制工作现状，总结了现阶段的问题，针对桎梏现代学徒制健康发展的原因进行了简要分析，并提出了相应的对策建议，以期提升我国职业教育中人才培养的质量。

第三节 智能化创造与高等职业教育模式

智能化发展是中国制造未来几年的主要方向。智能化制造不仅可以推动制造业向开放创新、服务制造和机器制造的方向发展，而且可以推动企业技术人才由低端操作类向高端技能类转移，以促进企业岗位分布由金字塔分布向橄榄型分布迁移。在对我国现有职业技能人才和职业教育进行综合分析的基础上，本节将提出智能化制造背景下校企贯通的创新模式和课程体系的创新模式，并创新性地提出以工作过程为导向和

以岗位层级为标准的两个课题体系设计方法。

制造业是国民经济的支柱产业，是立国之本、强国之基。提高中国制造业的发展水平对促进中国经济的发展、提升国际综合实力有着重要意义。我国制造业发展快速，取得了举世瞩目的成绩，同时产生了产能过剩、信息化程度低、资源利用率低与自主创新能力弱等问题，2017 年全国金融工作会议确立由"金融去杠杆"转向"经济去杠杆"，处理"僵尸企业"。面对全球新工业革命的挑战，2015 年 5 月，国务院发布了《中国制造 2025》的行动计划，对于职业教育发展影响深远。一方面，智能化制造离不开职业教育，培养更多高级专业技术人才，离不开职业教育的人才支持，职业教育在我国制造业强国进程中大有可为；另一方面，我国现存的高级技能人才在数量和质量上与智能化制造不相匹配，当下的职业教育体系不能满足培养新型高级人才的需求。对此，本节从智能化制造对制造业的影响入手，深入分析我国高级技能人才的现状和职业教育存在的问题，以期探索面向智能化制造的高等职业教育创新模式。

一、面向智能化制造的企业转型特征分析

当前，新一轮科技革命与产业变革风起云涌，以信息技术与制造业加速融合为主要特征的智能化制造成为全球制造业发展的主要趋势。智能制造是基于新一代信息技术，贯穿设计、生产、管理、服务等制造活动各环节，是信息深度自感知、智慧优化自决策、精准控制自执行等功能的先进制造过程、系统与模式的总称。智能制造将深刻改变中国制造业的格局，是企业在经济新常态和"三期叠加"新形势下，降低人工成本、提高产品质量、实现规模化定制、完成产业价值网络的现实需要，主要体现在以下三方面：

（一）智能化制造推动产品创新向开放创新转型

智能化制造下的产品创新将更加突出数字化、智能化、社会化和网络化的特点，创新速度明显加快，具有多学科交叉、多种技术运用和多主体合作的典型特征。社会生产由批量定制向个性定制转型，消费者成为产品创新的组成部分，产业价值链实现横向整合，囊括物流、仓储、生产、市场营销及销售，形成一个透明的价值链——从采购到生产再到销售，或从供应商到企业再到客户。

（二）智能化制造推动生产型制造向服务型制造转型

众多企业将由产品生产者转变为产品与服务高度融合的服务提供者，传统制造业以产品生产为核心的商业模式向以消费者为核心的"生产＋服务"模式转变。以整体家装行业为例，尚品宅配建立起了从入户测量、专业设计到工厂加工到送货安装、售后维保等全产业链的服务体系。与此同时，智能化服务以各种形式融入制造业研发设

计、生产制造、经营管理、销售运维等环节，价值创造与服务形态相伴而生，主要包括基于产品研发设计的增值服务、基于产品效能提升的增值服务、基于产品交易便捷化的增值服务、基于产品集成整合的增值服务，以及从基于产品的服务到基于需求的服务等。

（三）智能化制造推动人工制造向机器制造转型

智能化制造意味着企业由产品销售和管理信息的网络化向全面的数字化转型，智能化制造要求系统具有高度认知能力和高度自控能力，各类技术的应用呈指数级增长，人工智能、机器人技术、传感技术将进一步提高系统的自动化能力，并加速大规模定制化。

二、面向智能化制造的人才需求现状分析

智能化制造将推动企业实施"机器换人"，大量的操作性岗位被智能机器所代替，企业的岗位设置分布由金字塔分布向橄榄型分布迁移，操作类岗位逐渐减少，管理和专业类岗位不断增加。《中国制造2025》明确提出，"加大专业技术人才、经营管理人才和技能人才的培养力度，完善从研发、转化、生产到管理的人才培养体系"，未来职业教育的重点是培养高层次、紧缺专业技术人才和创新型人才。当前我国各类人才在数量和质量上与面向智能化制造的人才需求并不相适应。

（一）紧缺适应智能化制造的高端技术人才

首先，紧缺具有创新能力的科研人才，即掌握核心技术的高端专业技术人才。长期以来，我国用廉价劳动力制造的低水平工业品换取西方先进的高科技工业品现象的出现，最关键的原因是缺乏掌握核心技术的科技研发人员，社会整体自主创新层级较低、能力不足，科技应用水平也较低。其次，紧缺信息化的智能型人才，即信息技术与制造业深度融合的复合型人才。信息技术的创新正处于融合创新的新阶段，技术涉及范围广、应用程度深，课堂教学培养模式很难深入应用底层。新一代信息技术与制造业深度融合是制造业未来的主线和主攻方向。互联网在制造领域逐步深化运用，制造过程逐渐智能化，云计算、大数据成为基础设施，被企业广泛运用，未来的智能制造需要大量的掌握信息技术及其行业应用技能的高水平专业技能的复合型人才。

（二）紧缺适应智能化制造的作业过程操作人才

2012年中国人口红利出现拐点，整个劳动力市场的劳动力增长率开始下降，人力成本开始逐步攀升，东南沿海出现了严重的"用工荒"。此外，政府的政策支持推动东南沿海企业加快了"机器换人"的步伐。调研发现，所有的"机器换人"大都停留在替代简单手工操作的较低层次上，这种情况下面向作业过程的操作型人才尚缺。面

向未来，我国以高校培养为主的人才培养方式，毕业生动手能力普遍不强，智能化应用的知识储备与社会实践要求之间存在差异，将高校毕业生培养成基础应用工程师，再到行业解决方案工程师，一般来说需要超过3年的时间，因此人才缺口很大。

（三）紧缺适应智能化制造的复合型管理人才

如前所述，智能化制造促使企业的生产链横向整合和价值网纵向整合，企业的创新由内部创新转型为开放合作创新，企业的岗位布局由金字塔分布向着橄榄型分布迁移，操作类岗位需求建设，更高层级的管理类和专业类岗位增加，企业需要大量复合型人才，要求他们能够有效整合协调内外部两个资源，专业精深且知识面较广、具有很强的适应性，能够迅速地更新知识以适应新生的行业或职业的要求，在具体工作岗位上需要深入了解产品细节、熟悉市场动态、善于把控流程。

三、中国高等职业教育存在的主要问题

（一）对职业教育的定位认识层次不高

虽然高等职业教育是促进经济、社会发展的重要基础，然而整个社会受到舆论宣传、传统思想的影响，重普教、轻职教，重研究型人才、轻技能型人才的现象依然存在。究其原因有以下几方面：一是我国现行的用工制度和用人政策方面，人才评价体系偏重于学历评价，缺乏认可度高的职业技能综合评价体系。二是从专业角度上，高等职业院校虽然对职业教育的定位问题深有感触，然而在社会导向的压力下难以摆脱学历教育的泥潭，在职业教育的课程设置上容易出现跟风现象，缺乏前瞻性，对职业技能与持续学习能力的两个协同培养缺乏耐心和毅力。人们普遍认为教育的重点是理论教育，长期以来普通高等教育与高等职业教育区别度不高，教育内容覆盖面广、缺乏针对性，与实际的工作情况脱节。高等职业教育的主要目标是使学生具备高级专业技术技能，适应工作岗位需要，因此在教育过程中更应该注重实际操作和动手能力的培养。

（二）职业教育的参与主体处于弱势

一是生源质量明显处于弱势。从当前高职教育的两个学制看，五年制大专学生普遍是初中学业不理想的学生，生源年龄普遍偏小，其自我管理和自我学习能力欠缺。三年制大专的招生工作安排在高考录取的最后一批，生源质量普遍不够理想。职业教育生源的家庭普遍对子女的教育投入有限，缺乏途径和能力将子女送到国外或拿出高额的费用使其享受更好的教育。二是高职院校教师处于弱势。高职院校教师属于普通高校教师范畴，高职学院的师资门槛随社会发展而变得水涨船高，近年来教师队伍中硕士、博士学历比例普遍提高。一方面，高职院校的授课教师普遍直接来自高等院校，在教学实践方面往往缺乏经验。另一方面，高职院校的学制偏短，普遍更加注重学生

实践和动手能力的培养，因此高职学院教师应花大量时间紧跟行业热点更新教学内容，以更好地实施因材施教策略。在学术界重文凭、重理论、重论文的大环境下，缺乏针对性的评价规则衡量高职教师的隐形付出，高职教师普遍被副教授、教授的门槛挡在门外。三是高职院校在获取政府和社会资源方面处于弱势。高职院校在争取外部合作项目方面与普通高等院校竞争处于劣势地位，其创收能力有限，难以通过自力更生强化办学特色、有效融入地方经济发展，在争取地方政府财政投入方面也处于劣势。

（三）高等职业教育院校转型发展力度不足

一是职业教育的课程体系"职业性"不突出。大部分高等职业院校还在沿用"公共课＋专业理论课＋实习"的"三段论"模式。高职院校对社会经济转型发展的反应相对滞后，不能敏锐地获取在生源供给侧的平衡信息，教学远离企业生产一线，教学活动、实习实训情境难以贴近生产现场，从而导致教学内容与职业岗位能力要求不对接，人才培养规格与产业需求标准不对接等一系列问题。二是校企合作中学校大多一厢情愿。由于缺乏有效的激励机制，企业参与合作的积极性不高，校企合作存在"剃头挑子一头热"的现象，学生到企业顶岗实习、教师到企业实践难以落实。这种现象出现的根本原因在于企业没有实际利益的回报，无法实现学校和企业"双赢"。与普通教育不同，高等职业教育是与就业企业联系最紧密的教育，最好的教学课程、实践设备都在企业，职业教育的性质决定了职业院校必须与企业融为一体。学校和企业合作过程中，责、权、利规定非常模糊，故而操作性不强。

四、面向智能化制造的高等职业教育模式创新

（一）面向智能化制造的高等职业教育改革创新

智能化制造给高等职业教育提出了全新的挑战，也带来了千载难逢的发展机遇，需要高等职业教育从内到外推行全面的深化改革，才能培养出适应未来需求的高素质人才。一是高职院校需要细化面向智能制造的人才培养目标。切实强化素质培养和技能培养双并重。面向智能化制造，高职教育应把握住智能制造的发展方向，满足《中国制造2025》对大量技艺精湛的技能人才的需求，既契合企业未来发展需要，又满足学生未来成长需要。二是高职院校需要强化复合型人才培养。企业在需要高级专业技术人才的同时，也需要具有"一专多精"的复合型人才。因此，高等职业教育在培养方式上既要体现普适性又要发扬个性化。三是高职院校需要以更加开放的心态引进外部力量。在师资方面，建立开放的校外师资引进计划，发挥内外两支队伍的互补优势，校内师资重点为夯实基础类课程，校外师资则发挥专业特长专攻岗位实践；在学校内外部考核评价方面，建立综合评价指标体系，围绕着高等职业教育的定位引入常态

化的外部评价机制，借助外界力量提升管理水平，强化以培训结果为导向的培训过程控制。

（二）面向智能化制造的高等职业教育课程体系创新

课程体系设计与组织实施是职业教育的关键环节，决定了教育成果。面向智能化制造的高职教育需要充分认识高级技能人才的培养规律和成长规律，打破以知识教育为核心的传统课程体系，强化职业性、弱化学科性，探索建立适应经济社会发展、符合企业生产需要的现代职业教育课程体系。智能化制造需要职业教育从知识教育向能力培养转变、从课堂教学向生产教学转变、从书本教学向实践教学转变。无论是学术教育还是技能教育，主要课程大致可分为公共基础类、专业基础类、专业核心类、岗位实践类。其中公共基础类围绕培养文化修养、职业素养，适用范围为所有专业；专业基础类是专业大类所必需的、基础性的关键课程；专业核心类则是完成特定岗位工作所必需的技能操作类课程；岗位实践类则突出专业知识与技能的综合运用，突出与就业岗位的有效衔接。通过对高等职业院校的走访调研和对用工企业的人力资源访谈，本小节提出了面向智能化制造的高等职业院校课程设置方法，即以智能化的工作过程为导向的课程体系设计、以岗位梯次为标准的课程体系设计。

1. 以智能化的工作过程为导向的课题体系设计

该操作方法是以围绕着智能化制造相关岗位的工作能力要求进行课题体系设计的方法，具有很强的操作性和行业针对性，同时兼具基础能力和职业发展能力。具体分为三个操作步骤：第一步，分析智能制造行业的典型职业活动，就是根据专业对应的工作岗位及岗位群进行典型职业活动分析，从大量的职业活动中分析出典型职业活动。第二步，综合职业能力分析，按照由易到难、由简单到复杂、由低层级到高层级对典型职业活动顺序进行梳理，总结典型职业活动应具有的职业能力。第三步，搭建课程体系，即根据各层级典型职业活动的能力要求，按照职业成长规律及学习认知规律，对综合职业能力进行排序、重构后转换为课程体系。

以智能化生产紧缺的机器人协调员为例。随着智能甚至人形机器人进入工厂，机器人协调员的需求越来越大，具体的工作职责是监督和处理车间的机器人故障，日常工作是对机器人进行常规的维护，若有紧急情况则需配合其他专家一起解决问题，在机器人维修期间，需要代替机器人进行工作以保持工厂的正常运营，以减少生产停机时间。第一步，识别典型职业活动。机器人协调员的典型职业活动包括机器人维护、机器人故障识别、替代机器人进行手工生产。机器人维护所需要的技能是熟悉机器人的维护要点（包括维护周期、维护关键点、易损件和耗材更换等），能够准确进行手工操作。替代机器人生产，则要求掌握机器人在工厂生产流程中的流程、加工产品的合格标准、手工操作步骤等。第二步，综合职业能力分析。最基本的要求是掌握电器电路原理、机械设备维护操作、企业生产流程;专业层面上要求熟悉特定类型机器人的基础维修知识、机器人的工作原理;更高层级上通过实践,提出对机器人的优化建议,等等。第三步,规划课程。即公共基础类课程,包括电器电路维修、机械设备维护原理等;专业基础课程包括电子电路及自动化原理等;专业核心课程则是机器人设计原理、机器人的组成构成等;岗位实践类则包括机器人的拆卸组装、机器人的设备改造、机器人生产线装配等。

2. 以岗位梯次为标准的课程体系设计

该操作方法是以对岗位梯次的能力要求差异分析为标准进行的课程体系设计。具体的操作步骤主要分为三个步骤:第一步,理顺岗位层级,就是从行业岗位晋升的角度理顺各层级最需要的基础能力。第二步,归纳分析该专业所需要的基础能力和专业能力。第三步,课程体系设计,按照基础能力和专业能力分类从宏观上进行专业课程体系设计。

以智能制造所急需的机器人装配岗位为例。该岗位具有很强的前瞻性,对职业技能人员的要求明显较高。操作类岗位要求是智能机器人的调试、安装、售后支持等;管理和专业类分为两个方向,其中管理方向是机器人的销售、应用流程优化,专业类方向是机器人的应用设计、应用编程、工艺改进等;决策类方向则是把控机器人应用的未来方向、主导技术升级、对技术趋势和行业趋势有比较深入的研究。因此,在课程设计上,公共基础课程包括设备安装技术、自动控制原理等,专业核心课程则是机器人编程、工作流管理、业务流程优化、深度行业业务等课程,岗位实践类课程则是机器人的装配实践、机器人设计与编程等。

(三)面向智能化制造的校企贯通合作模式创新

德国制造的成功在于职业教育的成功,最关键的成功要素是建立了职业学校和具有职业教育资质的企业两套教学培训系统。面向智能化制造的职业教育要实现转型,关键的一点是在强化校企贯通式创新上取得突破,真正实现资源共享、优势互补、共同发展。笔者提出了以下两个模式创新:一是人才输送合作模式创新。当前,最普遍的合作模式是人才输送型合作模式,该模式从职业院校端进行改造升级,具有可操作性。面对智能制造转型,高职院校的发展定位首先要紧盯地方特色优势产业,结合地方政府的产业发展与引进计划,提出订单式培养和定向培养,有针对性地培养特色人才。以浙江省和杭州市为例,围绕着电子商务的创业创新如火如荼,高职院校建立了电商专业,有效利用内外部两个资源,招生、培养、就业各个环节有效衔接,通过与电商产业园区合作实现了有针对性的人才输送。以苏州为例,近几年发展成电子信息产业的重要基地,职业教育顺势而为,围绕着智能制造方面进行人才培养,为美的等大型企业输送了大量专业人才。二是校企共建合作模式创新。调动企业参与职业教育的积极性是该模式创新的关键，将校企松散合作转变为紧密合作。具体的共建模式创新包括共建实训实验室、校企产融结合、校企股权合作等。面向智能化制造的合作模式创新最主要的模式是校企产融结合，智能化制造引起的岗位向上迁移要求职业院校必须主动向优质核心企业靠拢，依托核心企业的技术、人才优势，将职业院校办出行业特色。在课程设置方面，通过对接企业岗位需求，打造学用结合的目标。在师资方面，职业院校更应该坚持引进来，充分利用外部专业师资，提高技能培养的针对性。

总之，面对产业发展的滚滚浪潮，智能化代表了制造业的发展方式，对产业从业人员素质要求推向了更高层级。高等职业教育需要顺势而为，积极主动地通过深化改革、改造课程体系、积极融入当地产业、向深化产融合作等方面迈出实质性步伐，因此本节提出了一系列可操作的创新模式，后续需要在具体的操作方案层面进一步细化，以期通过推动高等职业教育的创新改革，为产业发展培养更多的高端适用、续航能力强的高级专业技术型人才。

第四节　高技能人才紧缺与高等职业教育模式

本节将分析湖北省高技能人才紧缺的情况，从湖北省的实际出发，提出高等职业教育模式存在的问题：观念陈旧、高等职业教育与市场脱节、理论教学与实践实训教学失衡、忽视人文教育、"工学结合、工学交替"培养模式存在着诸多问题和"校企合作"模式缺乏完善的政策保障等。在此基础上，针对存在的问题从政府、学校、行业企业三个层面提出相应的对策，并提出湖北省高等职业教育模式发展的建议：集团化、现代学徒制、终身教育。

湖北省经济社会发展指标处于全国中上等水平，湖北省高等职业教育为湖北省经济的快速发展做出了巨大的贡献，但高等职业教育对湖北省经济发展的人才支撑乏力，导致高技能人才十分紧缺。全面提升湖北省高等职业教育的质量，解决高技能人才紧缺刻不容缓。

一、湖北省高等职业教育培养模式存在的问题

（一）社会对高等职业教育的认识观念陈旧

湖北省位于中国的中西部，其发展速度和开放程度远不及发达地区，社会对高职教育的认识依然受到传统观念的影响，认为普通高等教育是正规的高等教育，培养的人才是社会精英，将来能够当管理人员、做"白领"，而高等职业教育是高考失败者

的收养所，培养的是工人。现在社会对高职院校认识存在误区，认为高职院校的学生是读书不认真、成绩不好的调皮学生。对于当前普遍是独生子女的家庭来说，这是无法接受的，即使读高等职业院校也是无奈的选择。由此全社会认为高等职业教育是"二等教育""次等教育"。

（二）教育与职业脱节

湖北省高职院校绝大多数是由中专升格和行业企业的职工大学转型而来的，其教育模式沿袭了以前的传统教育模式，没有行业和企业参与，忽视教学实践性，与企业和社会契合度不够。学校发展前景茫然，专业雷同、对口率低，同质化现象严重，服务区域经济的意识不强，比如，武汉市将汽车产业作为第一支柱产业发展，而高职院校汽车专业都是针对汽车售后市场设置专业，没有针对汽车设计和汽车制造设置专业，也没有针对汽车新技术和新能源设置专业。高职院校盲目追求大而全，院校依据升格和转型之前教师的身份设置专业，专业设置随意、变动频繁，甚至有些专业在社会上不被认可。高等职业教育结构失衡，培养的学生不能适应企业和社会的需要，从而导致高技能人才严重缺乏。

（三）理论教学与实践实训教学失衡

湖北省高等职业学校忽视实践实训教学的倾向没有得到根本扭转，其主要原因有以下几方面：一是实践实训基地设备不足。实践实训基地建设和设备投入非常大，政府投入不足，行业企业缺乏投入的积极性，于是高职院校大多开设理论性质的专业或者"偷工减料"少开甚至不开实践实训课。二是"双师型"教师队伍素质不高。湖北省没有技师学院，高职院校招聘的教师都是普通高等院校毕业的，他们受教育的背景主要是理论的学习，缺乏实践能力和操作技能的培养，而招聘企业的高级人才相对较少。比如高级工程师和技师或高级技师，一方面高级工程师本身已经在一个比较好的岗位，薪酬比较高，不愿意到学校教学。另一方面技师或高级技师由于学历的原因，他们在高职院校进不了编，只能是聘任，从而影响他们从教的积极性。三是培养模式滞后。一些高职院校采用普通本科院校的教学模式，过于强调理论学习，强调知识系统性的掌握，而对职业实践能力和职业素养的重视不够，实践实训学时严重不足，致使实践实训处于从属地位。还有另外一种情况存在，湖北省许多高职院校实现二级独立核算，学院给各二级学院教学经费按招生数量划拨，二级学院为了节约教学成本，学生进校学习一段时间就派遣到企业实习，学生在课堂上学习理论的学时大大减少。这类学生理论的学习也是严重缺乏的。显然，这两种培养方式所教出来的学生都存在严重的"跛脚"现象，无法满足企业和社会的需要，学生也不能实现持续性的个人发展。

（四）忽视人文教育

2014 年 12 月教育部印发的《关于深化职业教育教学改革全面提高人才培养质量的若干意见征求意见稿》中就明确提出：职业院校要按教育部颁布的教学大纲规定，开足德育、语文、数学、英语（课程）、历史、体育与健康、艺术、计算机应用等基础课程，高等职业学校的公共基础课程学时不少于总学时的四分之一。而实际情况是高等职业院校大量压缩与专业无关的人文课程，安排大量专业基础课程和核心课程，以突出技能教育。以笔者所在的汽车学院为例，德育课程以各种理由调整和压缩，"大学语文"由原来的两个学期压缩到一个学期，学时也压缩到了每周仅两个学时；"高等数学"只有两个专业开设，学时也很少；从未开设历史、健康和艺术方面的课程。在德国，职业教育的职责，并不是为特定的工作培养特定的技术工人，而是要让学生"在充满变数的未来能获得成功"。因此，德国职教体系的学生，仍需要花费近八成的时间学习数学、科学、语言等综合性知识。现代职业教育培养的高技能人才更应该具有健全的人格，陶冶性灵比造就专家更为重要。

（五）"工学结合、工学交替"培养模式存在着诸多问题

"工学结合、工学交替"要求高职院校的教学应以学生的实际操作为主，但由于需要很大的资金投入，包括购进实训设备和建立实训基地等，很多职业院校没有这方面的实力，湖北省及各级政府资金投入远远不够，导致实训条件并不能满足实训教学的需要，更谈不上理实一体的教学。有的高职院校即使投入资金购买了实训设备，由于缺乏"双师型"教师，实训环节也不能按照要求完成，"画饼充饥"现象普遍存在。在学校实训基地，大部分学生没有机会进行实训操作，部分学生没有到企业实习，部分学生即使到企业实习也只是顶岗操作，学生的职业技能和职业素养得不到提高。尽管各级政府一再要求企业为高职院校的学生提供实习机会，但是由于缺乏税收优惠和经费补偿政策，企业出于自身生产效益和生产安全的考虑，不愿接收实习生，如此，"工学结合、工学交替"培养模式的效果大打折扣。

（六）"校企合作"模式缺乏完善的政策保障

湖北省是工业大省，校企合作形式很多，参与的企业逐年增加，但相关政策法规滞后，运行机制不健全，校企合作不成体系，没有形成组织或者形成系统，造成校企合作不深入、不稳定。客观上，校企合作没有引起湖北省各级政府的高度重视，各级政府也没有制定有关校企合作培养模式方面的政策。因为缺乏必要的制度约束和政策保障，所以校企合作的任何一方都可以轻易解除合作。此外，校企合作双方没有把共同的利益捆绑在一起，也没有把双方优势嫁接在一起，合作只是肤浅形式上的合作，只是在文字和数据上得到了体现。鉴于没有实质性的校企合作，高技能型人才紧缺始终得不到缓解。

二、湖北省高等职业教育模式探究

（一）制定新的政策和制度，从根本上治理高技能人才紧缺

1. 政府层面

积极正确引导社会认识高等职业教育。政府有组织地通过舆论宣传引导社会正确认识高等职业教育。高等职业教育和普通本科教育是我国高等教育的不同类型，两者没有高下和优劣之分，高等职业学校招收的学生也不是所谓的人生的失败者，他们只是文化基础薄弱。政府文件、领导讲话和新闻媒体要强调技能人才的重要性，引导社会形成尊重劳动，提倡劳动光荣的价值取向。

认真落实职业教育经费投入。2014 年国务院出台了《关于加快发展现代职业教育的决定》（以下简称《决定》），对职业教育经费保障提出了完善经费稳定投入机制。第一步，政府要认真落实此规定。落实高职院校生均预算内拨款标准达到本地区同类普通本科院校的生均预算内经费标准。落实生均财政拨款基本标准，改革财政拨款偏低的问题。第二步，各级政府要制定合理的职业教育投入增长机制并加以实施。湖北省要学习江苏省的经验，认真落实教育费附加 30%、统筹职工工资总额 0.5% 用于发展职业教育的规定，新增地方教育附加要向职业教育倾斜。对经费的使用，政府要进行评价和监管，保证经费的正确使用。

政府有所为与有所不为。政府对企业制定税收优惠和经费补偿政策，大力支持和鼓励企业参与校企合作。政府积极引导和规范社会力量办学，以促进高等职业教育的多层次发展。调整高等教育的格局，将竞争性不强的三本院校改为应用技术型本科或技师学院。指导和规范高职院校专业设置。政府减少对教育的干预，改变对高职院校多头管理的现象。下放人事权限，对行业企业高级人才的聘请，高职院校要有自主权。对高职院校的课程设置、教学内容和教学学时不设限制。

2. 学校层面

创新高等职业教育体制。高职院校要建立以学生为中心、以职业素养和能力为本位的教育体系，注重培养学生的社会实践能力和创新能力，提高学生分析问题和解决问题的能力。不断创新职业教育体制，改变等、要、靠的做法，主动寻求行业、企业合作，特别是省内的中央企业和行业龙头企业的合作，建立高水平的职业教育平台。校企合作是高职院校提高教学质量的动力之源，通过校企合作，可以倒逼高职院校加强内涵建设，提高教学质量。

专业设置要紧贴市场。高职院校要根据自己的特点，让行业、企业协同参与专业的设置与调整，专业设置要与区域产业结构相协调，现有专业重新优化和整合，淘汰

市场适应差的专业，壮大特色专业，重点扶持与区域支柱产业和战略性新兴产业相关的专业，避免专业趋同现象，办出学校自己的特色和专业品牌，形成核心竞争力。

加强"双师型"教师队伍建设。在引进企业人才到高职院校任教不畅的情况下，高职院校可以通过校企合作、订单培养和产学研等形式提高本校专业教师的实践能力。比如，在开展学生订单培养项目时，可以同时派教师下企业学习和锻炼，时间不少于三个月。但是目前教师不愿意下企业学习和锻炼，认为时间长、工作辛苦、生活不方便等，关键是缺少激励机制，比如，可以将下企业的时间和效果作为评先评优、晋级的依据，同时在下企业期间增加补贴，提高薪酬。

3.行业企业层面

校企合作需要行业企业的指导和参与，行业企业与高职院校要共同制定培养目标，共同创造培养环境，共同实施培养计划，共同评价培养结果。行业协会提供高技能人才培养决策咨询，搭建高技能人才交流展示平台。企业以主人公的姿态积极参与校企合作，可以使企业得到长足发展，目前越来越多的企业参与到校企合作中，形式多种多样，比如，建立校内实训基地和校外实训基地，派企业高级人才到学校兼职任教，设立奖学金和奖教金，协助学校制定人才培养目标，等等。企业积极参与校企合作的动力来自湖北省部分高职院校能够为其提供优秀的高技能人才以及研发与技术支持。

（二）湖北省高等职业教育模式探索

1. 职业教育集团

《决定》提出"鼓励多元主体组建职业教育集团""研究制定院校、行业、企业、科研机构、社会组织等共同组建职业教育集团的支持政策，发挥职业教育集团在促进教育链和产业链有机融合中的重要作用"。经过多年的发展，全国有700多所职业教育集团，其中湖北省有20多所职业教育集团，但基本是松散的联合体，要发展成实质性的职业教育集团，可以进行如下探索：一是完善政策法规。出台相关的税收优惠政策和税收减免政策，让成立集团的行业企业真正享受政策红利；建立职业教育集团化基金，吸引社会资本投资。二是确立职业教育集团的法人身份。企业和高职院校出资组建公司，建立具有独立民事资格、自主发展和合作育人的实体。政府通过政策支持、购买服务、统筹协调进行监督和协调，以确保职业教育集团良性运转。三是职业教育集团内部的结构治理。政府牵头组建的职业教育集团成立集团联席会，联席会对职业教育集团的改革发展开展研究、决策和设计。由高职院校牵头组建的职业教育集团成立集团理事会，由行业企业牵头组建的职业教育集团成立董事会，理事会和董事会负责制定和修改集团章程，明确高职院校、行业、企业的职责，制定共同发展的机制，建立具有管理集团事务的独立法人治理体系。

2．现代学徒制

《决定》提出"开展校企联合招生、联合培养的现代学徒制试点，完善支持政策，推进校企一体化育人"。现代学徒制是职业培训与学历教育的紧密结合，学校负责传授理论知识，企业为学生安排一线实习和培训。政府对职业制定毕业考核标准，确保教学质量和人才质量的评判水平。湖北省部分高职院校目前正在探究这一教学模式，比如笔者所在的汽车学院与长安福特汽车有限公司合作开设"福特班"，招收学院学生，在班级里学徒具有双重身份，学校导师和企业导师交互培养，学徒每周有三到四天到企业接受实践教育，一到两天在学校进行专业理论学习，总共学习和培训的时间为两年半（第一学期为预备和选拔）。与湖北省三环集团合作开设"三环班"，招收集团员工，学徒不离开岗位，学校导师负责理论学习，企业导师带徒进行岗位培训，总共学习和培训的时间为三年。这两种形式降低了企业用于人力资源培训的成本，有效地保证了企业所需的高技能，是提升新生代平民子女岗位职业能力和学历的有效途径。

3．终身学习

当今世界科学技术日新月异，社会处在深刻变化中，人们的就业形势和岗位成长受到了前所未有的挑战，《决定》提出"构建灵活开放的终身教育体系""建立有利于全体劳动者接受职业教育和培训的灵活学习制度，服务全民学习、终身学习，推进学习型社会建设"，终身学习的理念顺应了时代的潮流。为了推进终身学习体系的形成，高等职业教育可以进行如下探索：一是建立现代职业教育体系。课程衔接是建立现代职业教育体系的重要保证，具体做法是推进专业设置和课程内容与职业标准衔接；推进中职与高职的衔接，在培养目标、专业设置、教学过程等方面衔接。从 2015 年开始，湖北省 18 所本科高校向应用技术型高校转型，建立从专职、专科、本科到专业学位研究生的培养体系。职业教育体系的建立是终身教育体系建立的前提。二是利用互联网开展大规模在线公开课（MOOC）。职业教育的在线公开课几乎是空白，各级政府要给予经费支持以及政策引导。具体做法是将企业的培训课放到互联网。目前中国有1000 多个企业大学，把一些适合于高职院校学生的培训课放到网上去了。企业招聘人才时，将企业的培训课考试成绩作为招聘人才的重要依据，这样一方面促进了学生学习，另一方面真正解决了职业教育与生产实践相脱节的问题。国家示范高职和骨干高职以及重点专业、品牌专业、特色专业的课程首先开展在线公开课，并将此作为评估的依据。大力开展高等职业院校优质课评比并将优质课搬上互联网。大规模开展在线公开课能够提高高职教育质量低下的问题，消除教育不公平现象，是建立终身教育体系的重要手段。

第五节　高等职业教育"1+X"人才培养模式

高等职业院校以培养社会所需的高素质人才为己任，需要对学生的全面发展负责，对社会发展尽力。百年大计，教育为先，高等职业院校作为人才培养的基地，需要发挥教育实效，优化人才培育。传统人才培养模式倾向理论灌输，实践教学相对较少，学生的学习主动性难以发挥。作为高职院校的教师应主动研究创新人才培养模式，并不断应用于教学实践，以期培养出高素质的复合型人才。

一、高等职业教育采用"1+X"人才培养模式的必要性

在新的时代背景下，市场竞争更趋激烈，一方面企业对人才非常渴求，另一方面满足用人单位需求的高素质人才相对缺乏，因此，如何培养合格的技术技能人才成为高等职业教育的重要课题。高等职业院校学生较多，为了增强学生的竞争力，必须贯彻落实素质教育目标，提升学生的综合素养。我国高等职业院校分布在不同区域，由于所处区域不同，享受的教育资源呈现较大的差异，教学质量也参差不齐。少数高等职业院校缺乏教学资源，学生的学习基础较差，综合素养偏低，在就业竞争中处于不利位置。如何将学生培养为全面发展型复合人才，使其在就业竞争中具有优势，满足企业的岗位需求，成为高等职业院校关注的重要问题。

高等职业院校采用"1+X"人才培养模式，能够弥补僵化教学模式的不足。"1+X"人才培养模式将立足点放在学生发展上，具有全方位、广角度等特点，能够拓宽学生的知识视野，使学生成为复合型人才。这一人才培养模式对学生发展大有裨益，不但能够帮助学生顺利就业，更使学生具有后劲，在自己的岗位上发光发热，还可使学生具有较强的岗位转换适应性。"1+X"人才培养模式扩充了人才培养的主体，学校和企业都将成为人才培养的助推者。校企合作能够使企业文化与校园文化相融合，加快素质教育的进程，使学生健康成长，真正成为社会的栋梁之材。

二、高等职业教育采用"1+X"人才培养模式的规划

首先要明确人才培养目标，形成人才培养模式，制订人才培养方案。高等职业院校应该召开教学会议，学校管理者、教师等开展人才培养讨论，就人才培养计划问题达成一致。人才培养逐渐成为高等职业院校日常工作的核心，校领导应该不断完善人才培养计划，思考以下几个问题：第一，学校应该提升学生的专业素养。高等职业院

校需要对教师提出要求，教师应该传授给学生基础的文化知识，帮助学生建构完整的逻辑体系，使学生能够应用专业知识解决现实问题。第二，学校应该提升学生的实践能力。高等职业院校应该为学生提供实践学习的平台，教师应该为学生提供理论应用的机会。教师要创设生活化的问题情境，引导学生进入情境之中，解决生活中的实际问题，从而培养学生的创新能力。第三，学校应该促进学生的个性化发展。学生处在成长的重要阶段，渴求彰显自己的才华，实现自己的人生价值。教师应该设立不同的教学板块，促进学生的个性化成长。第四，学校应该培养学生树立职业道德理念。学生在未来会走入社会，职业道德关乎个人发展，也关乎企业和行业发展。高等职业院校应该渗透职业道德教育，使学生树立正确的价值观。

三、高等职业教育采用"1+X"人才培养模式的实践

整合学历能力教育。高等职业学校应该把握素质教育的真谛，寻求"1+X"人才培养模式的有效路径。在实践过程中，高等职业学校可以将学历教育与职业能力教育相结合，促进学生的全面发展。通过"1+X"人才培养模式培养出来的人才，与传统模式培养出来的学生存在明显差异。在传统育人框架下，学校偏向理论灌输方式，要求学生对技能知识死记硬背，培养出了一批技术工人。值得注意的是，这些技术工人只是掌握了专业技能，思想道德素质、文化素质等相对较低。"1+X"人才培养模式为高等职业教育注入了新鲜血液，其强调学生德智体美劳协调发展，经过这一模式培养出来的人才，不仅具有较高的专业素养，且拥有职业道德，能够满足社会岗位需求。为了真正实现人才培养目标，在学历教育的基础上，高等职业院校还应该重视职业教育，实现学历教育与职业教育的整合。高等职业院校要构建实训场地，对学生进行职业规划，使学生学会应用职业技能解决工作中的现实问题。

不断优化课程体系。人才培养无法脱离课程而存在，高等职业学校需要不断丰富课程类型，切实有效地优化课程体系。一般来说，高等职业学校课程模块包括专业必修课程、专业选修课程和实践课程。在专业必修课教学中，教师应该充分尊重学生的主体地位，使学生学好专业的重要基础知识。教师应该鼓励学生表达自己的所思所想，在实践中检验理论知识的正确性。必修课的学习能够提升学生的文化素养，巩固学生的知识结构。在专业选修课教学中，教师应该为学生提供合理化建议，引导学生合理选择课程。专业选修课程较多，不同类型课程涉及不同专业学科的知识。教师要带领学生探索更加广阔的学习天地，为学生职业发展奠定坚实基础。教师要增强学生的问题意识，不断培养学生的问题解析能力。在实践课程教学中，教师应该带领学生参加实训项目，如社会实训项目、企业实训项目等。高等职业院校大多与企业建立联系，教师可以让学生进入企业参加实习，通过实践活动获得个人提升。很多学生制定了明

确的学习目标，对其他专业课程也颇感兴趣，高等职业院校应该扩展双学位教育、双专业教育范围，为学生自主学习提供更加便捷的条件。

重视引导学习实践。在僵化教学体制的束缚下，理论教学倾向明显，学习实践明显不足，压抑了学生的学习积极性，影响了学生对专业知识的理解，降低了人才培养效率。针对这一情况，必须重视引导学习实践，整合理论教育与实践教育。高等职业院校担任人才培养任务，应该采用多元化的实践教学举措，使人才培养落到实处。首先，学校应该鼓励学生开展科学研究。学校应该让学生立足自己的专业开展课题调研，为学生提供实验器材、实验工具，使学生获得实验成果。很多研究课题涉及不同专业，不同专业的学生需要共同配合完成科研任务。高等职业院校应该尽可能地创新跨学科项目，增强学生的团队协作能力，实现智慧的相互碰撞。其次，学校应该让学生进入企业实习。学校要始终和企业保持良好合作关系，为企业提供人才支持。学生需要在企业中汲取工作经验，掌握更多的工作技能。最后，学校应该带领学生开展社会服务。学习的目的在于应用，人才培养的关键在于为社会造福。学校应该为学生提供社会服务实践的机会，让学生在实践中把握真知。

综上所述，在新的教育背景下，高等职业教育要更上一层楼，如何优化人才培养，成为高等职业院校关注的重要问题。传统人才培养模式存在弊端，理论灌输法阻碍了学生的全面发展。为了提供稳定的全面发展的技术技能型人才支持，采用"1+X"人才培养模式是当代高等职业院校高质量完成育人任务的必要基础。

第六节　高等职业院校服务社区教育发展模式

社区教育工作作为高校社会服务工作的一个重要组成部分，近年来受到国家教育部门和社会各界的广泛关注。而高职院校较之普通高校来说，在专业设置和人才培养模式等方面有着一定的特殊性，因此，高职院校的社区教育工作发展途径也呈现了高职特色。本节意在发掘高职院校在社区教育工作过程中遇到的实际困难，充分发挥职业院校的优势，充分利用可利用的资源，建立合理的社区教育管理体系。

社区教育是指在一定的地域社区范围内，面向社区全体成员，充分整合利用各类教育资源，以提升社区成员生活质量及整体素质为宗旨，促进社区的发展和社区成员的全面发展的一种教育活动。社区教育是社区建设的重要组成部分，社区教育有助于激发社区活力、改善民生、促进就业、促进教育公平、建立社区和谐的人际关系。高职院校与社区的联系密不可分，为社区提供重要的教育资源，在社区教育中承担着不可或缺的工作职责。

一、高职院校开展社区教育的意义

（一）开展社区教育是贯彻国家教育理念的必然要求

社区教育以其适应大众多元的教育需求而日益受到重视，并逐渐走向规范化。尤其在新时期，社区教育以深入学习贯彻习近平总书记系列重要讲话精神，牢固树立创新、协调、绿色、开放、共享的发展理念，按照协调推进"四个全面"战略布局的要求，以促进全民终身学习、形成学习型社会为目标，以提高国民思想道德素质、科学文化素质、健康素质和职业技能为宗旨，以建立健全社区教育制度为着力点，统筹城乡社区教育发展，整合社会教育资源，夯实各项基础建设，其在弘扬社会主义核心价值观、传承中华优秀传统文化、促进人的全面发展、形成科学文明生活消费方式等方面做出的贡献无可替代。因此，高职院校发挥自身优势开展社区教育，是紧紧围绕国家的教育理念开展教育工作的必然要求。

（二）开展社区教育是高职院校社会服务职能的体现

高职院校结合地方经济和产业行业特色，为社会培养了大量的应用技能型人才。社会服务是高等院校的三大职能之一，高职院校应利用其教育资源优势，充分发挥其社会服务的职能，不断提高服务社会的能力和水平。对社区居民开放教育设施，如图书馆、体育场馆、计算机和多媒体机房、教学资源库、实训基地、文化艺术工作室等优质教学资源和教育场所，以满足社区居民对知识、技能和文化娱乐等方面的需求。各高职院校应结合职业院校的专业特色，利用完备的培训服务体系开展社区教育的各项培训工作，在最大范围内实现应用技能型人才的培养。高职院校在社区教育中不仅扮演着为社区居民提供教育服务的角色，还肩负了为地方、行业和企业培养更多应用技能型人才的使命。人才的培养打破了校园的限制，打开了面向大众、面向社会的全方位培养的新篇章。

（三）开展社区教育，带动区域经济发展

社区教育的受众为社区居民，受众对教育的需求由于年龄、身份、职业、受教育层次等方面的不同，呈现出多样化的特点。而社区教育的灵活性能满足社会群体对教育的不同需求。例如，不同年龄的社区居民虽然对教育的需求有差别，但都能从社区教育中得到满足。老年社区居民在社区教育中实现了对兴趣爱好的探求和个人素养的提升；中年社区居民可以在社区教育中获取学历提升、专业知识和技术技能；青少年则能从多种形式的社区教育和社会实践活动中开阔视野、锻炼能力，获取学校教育之外的重要补充。

社区教育不仅满足了大众的教育需求，同时还满足了社会需求。近年来，随着社

会经济的发展，我国对高素质应用技能型人才的需求比重不断增加，各行业各领域对岗位的要求趋于规范化、专业化。因此，从业人员需要通过一些途径参加技术培训，接受继续教育，提升职业技术水平，学习相关理论知识，了解前沿科技信息，从而实现个人在业务领域的提升。而高职院校面向社区居民和行业企业开展的各类职业资格培训、农村社区培训、岗前培训和企业员工培训，为从业人员提供了有效的继续教育途径。较之于社会上其他培训机构，依托高职院校开展的社区教育，以其优质的教育资源和高职院校专业优势及与相应行业领域的内在联系，最大限度地满足了用人单位对专业化和规范化的要求，为用人单位提供优质人力资源，满足社会需求，从而带动区域经济的发展。

二、高职院校开展社区教育存在的问题

（一）经费来源单一，多以学校自筹为主

目前，社区教育的经费来源多以开展社区教育的单位自筹为主。对于高职院校来说，自筹经费有很大难度，经费不足为社区教育工作的开展带来一系列的问题。

一是难以完成社区教育的基本建设。社区教育的开展需要物质方面的支持，比如，在教学资源方面，高职院校本身拥有的教育资源对社区教育开放会相应增加更新维护的成本。在社区教育网络资源建设方面，学校现有的网络教学资源是针对本校全日制高职学生的，如果应用到社区教育中，就需要对其结构内容等进行筛选和改进，使其满足于附近社区居民的学习需求，这类教学资源的建设也需要一定资金的投入。在教师队伍建设方面，对教师进行社区教育岗前培训等，均需要资金支持。此外，社区教育工作日常行政管理、招生宣传、相关的科研工作、学生管理平台的建设等，也都需要资金支持。

二是难以充分调动高职院校的主观能动性。从学校层面看，高职院校是公益类单位，而社区教育工作的职能是服务社会，其办学不以营利为目的，因此不会为学校带来可观的收益。为了不增加支出的负担，很多高职院校仅满足于社区教育基本工作的完成，而不愿意发挥主观能动性将其推向深入，形成体系。从教师层面看，学校如果没有相应的资金支持和奖励机制，学校职称较高的资深教师、双师型教师和专家学者的付出与其收入不相匹配，便无法充分调动教师的积极性，学校优质的教师队伍难以参与到社区教育的工作中。

（二）各高职院校的教学资源相对独立

近年来，随着国家鼓励政策的推出和社会及民众的需求提升，越来越多的高职院校参与到社区教育的工作中，但各高职院校之间缺乏互通交流，大部分的高职院校根据周边社区居民需求和自身专业特色，独立完成课程设置和资源建设，造成了多校之

间教学资源的重复建设问题，也造成了资源的浪费。如果各高职院校之间形成资源共建共享，发挥各自专业优势共同建设教学资源，有助于提高工作效率，均衡区域内的教学资源，同时为该区域内统一标准、实现学校间学分的互换互认奠定基础。

（三）品牌建设有待加强

各高职院校开展社区教育工作从形式到内容大同小异，缺乏品牌意识。从教学形式上来说，一般采用传统的教学培训方式，或者线上教学与线下学习相结合，以及结合课程内容组织实训实践，开展各种主题的社区教育活动等。从教学内容上来说，各高职院校基本围绕社区居民所需的学科开展教学，如书画类、音乐类、养生健身类兴趣班、社会常用的应用技能类的基础学科等。这些教学形式和教学内容上的共性，使各高职院校在开展社区教育工作时形成了固化的工作模式。各学校间的社区教育内容形式千篇一律，特色不鲜明。因此，高职院校应根据现有资源和自身条件，在共性上加强共建共享，个性上打造特色品牌，建设特色鲜明的社区教育品牌项目，开创各高职院校携手共进、百花齐放的新局面。

三、高职院校服务社区教育的发展途径

（一）完善社区教育制度

加强社区教育的各项制度建设，为高职院校开展社区教育工作提供有力保障。制度建设应由政府和高职院校共同参与。一是通过建立并完善相应制度解决经费来源问题，建立相对稳定的经费投入机制，减轻高职院校在社区教育工作方面的经济负担。二是制定科学规范的工作标准，完善评估制度和鼓励制度等各项工作制度。对社区教育工作开展情况进行跟踪和评估，建立统一的评价标准，为各高职院校指明工作方向。通过评估，在高职院校中评选一批示范型社区教育基地，激励带动高职院校的社区教育工作。三是完善教学管理工作制度。在一定区域内成立社区教育指导服务部门，统筹这一区域内的社区教育工作，针对高职院校开展社区教育课程设置和教学环节中的共性问题，出台相应的政策，统筹高职院校社区教育教学管理工作，建立校际间的社区教育工作管理和交流平台，推进各高职院校之间社区教育的学分制和学分互认工作。相同的课程在不同的高职院校实现学分互认，可解决社区居民在学习过程中遇到的居住地的变动而导致学习中断的问题，在变更后的居住地附近的学校可以继续学习该门课程。在现如今人口流动大、流动速度快的社会环境中，各高职院校之间的学分互认具有非常重要的现实意义。四是出台相应政策保障社区教育的社会认同问题，使用人单位将专业技术岗位从业人员岗前培训或定期参加继续教育纳入员工考核，用制度强化继续教育、终身教育的重要作用，推动社区教育工作向纵深发展。

此外，在高职院校内部制度建设中，应明确社区教育管理工作的职责，完善社区教育工作的制度建设，确保本校的社区教育工作有人做、有人管。完善校内社区教育评估和奖励机制，使社区教育工作制度化、规范化。

（二）做好社区教育调研工作

高职院校服务社区教育工作究其根本，是履行社会服务职能。做好服务工作的前提就是要了解服务对象的需求，因此高职院校应走出校园，深入社区进行调研，充分了解服务区域内的生活环境、资源优势和不足之处，分析服务对象的特点，根据调研数据进行分析研判，制订出适合本区域社区居民的教育方案。

一是调研居民需求，提供相应的课程服务。不同年龄层次的社区居民所关注的课程各不相同，如老年人多以怡情养生为主，中年多以职业技能为主，青少年多以知识拓展为主；不同的性别也会有课程选择的差异性，如女性群体多选择婚姻家庭咨询和女性权益保障服务、女性就业和生活技能等；特殊群体也有其特定的教育关注点，如经济困难群体、残疾人群体等，会在政策咨询、就业帮扶等方面有所关注。高职院校应在调研基础上，分析本服务区域内有意愿接受社区教育的群体，了解人员的构成及需求，从而有针对性地提供相应课程。如果高职院校只考虑自身专业资源的优势，不考虑社区居民的实际需求，居民的参与度就会受到影响，这样也失去了社区教育应有的意义。高职院校在满足教育需求的基础上，酌情增设必要的教育内容，如弘扬社会主义核心价值观、中国传统文化等教育内容，通过丰富多彩的公益活动，将学习渗透到居民的日常生活中，寓教于乐，提高全民综合素质。

二是调研居民实际情况，选择相应的教学方式。社区教育的教学方式多为传统教学、线上教学和线下学习、实习实践等，特别是在"互联网＋"高度发展的今天，网络教学资源、线上教学等现代化教学手段，因其操作便捷，信息量大，且学习不受时间和空间的限制，很好地解决了工学矛盾的问题，因此在教学活动中，特别是在成人教育中所占的比重越来越大。但在接受社区教育的群体中，老年居民和农村居民数量较多，他们或不能熟练掌握网上学习的各种操作，或不具备随时上网学习的条件，因此不适合以线上教学为主的教学方式。高职院校在部署社区教育教学工作之前，需深入了解居民的实际情况，采用适宜的教学方式，这样才能收到良好的教学效果。

三是调研社会需求，调整课程设置和教学大纲。社区教育的课程不能一成不变，要根据政策要求和社会需求的变化进行相应的调整。高职院校在开展社区教育培训前，应深入了解有关政策和社会需求，把握好培训目标和培养方向，不能在教学设置中追求"一劳永逸"，拿既定模板复制每一次培训。同一个培训项目，因批次不同，办学规模不同，生源水平不同，培养方向不同，市场需求不同，在教学设计和实施环节中应有所区别。

四是调研社区环境，获取支持开展共建。高职院校应对服务社区的区域环境进行调研，发掘可以帮助开展社区教育教学活动的有利条件和优质资源，联合一切可以联合的力量共同做好社区教育工作。例如，联合服务区域内的图书馆、体育馆、科技馆、文化馆、博物馆、青少年宫、老年大学、公园等文化教育活动场所，共享教育资源，举办不同主题的社区教育活动，丰富社区教育活动的内涵，扩大社区教育的活动范围。获取当地街道办事处、居委会、村委会等各级管理部门的支持，围绕社区党建活动、社区文化建设、社区信息化建设等工作要点，携手共建，对社区教育工作进行深度拓展。

（三）加强社区教育师资队伍建设

高职院校服务社区教育工作，既要保证社区教育的教学质量，又不能影响学校的正常教学，就需要有较为充足的师资储备。师资队伍的建设可从以下几方面进行。

一是建立一支专兼职结合的社区教育管理队伍和师资队伍。由本校教师担任社区教育工作的管理人员和主讲教师，应在社区教育师资队伍的组成中占较大的比重。这样有利于充分利用学校的师资，也方便工作的管理。二是建立一支学生社区教育工作志愿者队伍。选拔德才兼备，有热情有专长的在校学生作为志愿者，将学生志愿者队伍融入社区教育工作和管理中，为社区教育工作输入新鲜血液，增强社区教育工作的活力。同时，社区教育工作对学生来说也是良好的社会实践机会，学生可以将课余时间有效利用起来，通过参加社会服务活动，进一步了解社会需求和职业规范，为今后的就业提供有价值的参考；参与调研、管理、服务等重要环节，有利于学生实践、研究等综合能力的养成。三是选聘社会各个行业的在职工作人员，也可以是离退休的老干部、老教师、老专家等。高职院校聘任兼职教师，将教师队伍延伸至各个行业领域，从中发掘技术骨干和管理人才，从而为学校的社区教育教师队伍提供有力补充。这些兼职教师的加入，不但可以提供教学指导，还可以带来企业行业的前沿信息和优质资源，促进学校、企业和行业间的互动融合。四是高职院校应在教师培养方面做好保障。学校定期开展社区教育工作者培训，不断提高社区教育工作者的综合能力和整体素质。健全教师队伍管理机制和激励机制，将社区教育工作量纳入对学校教师的评估考核中，对教师在社区教育中的教学成果和科研成果予以认可，以充分调动教师参与社区教育工作的积极性。

（四）合理利用社区教育资源平台

在互联网高度发展的今天，网络信息平台的功能设置齐全，被广泛应用到教学管理中，可实现课程资源的承载和学员信息的管理等。高职院校如果能够合理运用互联网技术为社区教育服务，可起到事半功倍的效果。

　　高职院校建设社区教育资源平台有自建模式和共建模式两种。一是高职院校自行建设资源平台。目前，大部分高职院校在校内均有自己的教学资源库，同时也有相应的网络平台用于教务教学管理。社区教育资源平台可以在学校现有资源库和教学管理平台的基础上进行功能增设或定向改造，使其与全日制教学管理功能并行使用。对于高职院校来说，在现有基础上建设的方式投入相对较少，便于落实，但校内自制的教学资源科目、种类等数量有限，制约了社区教育的拓展空间。二是联合区域内其他高职院校、社区教育机构和区域内企业，建立社区教育资源及平台合作联盟。众多联盟成员的加入，共同建设和维护社区教育资源平台，实现资源的互联互通。通过完善服务、培训、运营和评优等运行机制，促进联盟成员单位在资源共建共享、业务辐射拓展、师资筹集培训、平台交流运营等方面的沟通合作。这种资源共享联盟的建设，不是单个课程资源在互联网上的共享，而是发挥联盟成员单位各自的优势特色，将各种资源集结起来，由点成片，再向四周辐射，从而推动社区教育的多维发展。

（五）基于职教集团发展社区教育

　　在合作共赢、共建共享的社会背景下，依托集团化和联盟式的办学模式有助于推动高职院校的社区教育工作纵深发展。高职院校在资源建设方面通过加盟区域内教育资源及平台合作联盟的方式，可以实现教育资源的互通互惠。联盟成员可由高职院校、其他教育单位如各级电大、社会培训机构、相关企业，甚至是区域内的社区教育指导服务部门组成。这种合作方式主要体现在学科建设、教学资源和教学活动方面的互动交流上，社区教育指导服务部门的牵头或加盟可以为该联盟加强政策指导性，为各教学实施单位较好地把握和利用资源提供帮助。这种联盟式的合作方式对高职院校来说不是唯一的合作路径，并不影响高职院校同时依托集团化办学模式来发展社区教育。拥有职教集团的办学模式是高职院校较之于其他学校的优势，如能有效利用职教集团的运行模式，将职教集团的资源加以合理利用，对社区教育工作将是有力的推动。借助职教集团，可以获取政府在政策上的指导和支持，在行业、企业内获得更多专业资讯，从而使高职院校对培训项目的选择和方向的把握更贴合当地经济发展的实际；可以利用职教集团成员单位的优质教师资源充实教师队伍；可以通过企业获得更多的实习实训场地；在某些专业技术岗位的社区教育培训中，集团内企业可优先考虑录用优秀学员，为社区居民就业提供机会。同时，社区教育工作也会为职教集团在发展地方经济方面做出贡献。

（六）开展理论研究，打造特色品牌

　　高职院校应积极开展社区教育科研和专项课题研究，及时总结推广社区教育中的成功经验和典型做法，研究社区教育存在的问题并制定解决办法，更好地指导社区教

育工作。在理论研究方面，不仅限于总结社区教育工作经验做法，高职院校还可以依托社区教育资源平台合作联盟，各联盟成员各司其职、各尽其能、成果共享，做好相关的科研工作。例如，向政府和企业争取资金支持，由高职院校组织编制社区教育教材、制定社区教育培训标准等，为联盟企业培训可用之才。

努力打造属于本校的社区教育特色品牌。在品牌的选择上，应突出学校自身的特色，选择学校最具代表性的专业、实力最雄厚的社区教育项目；也可选择学校多年坚持开展的、有丰硕成果积累的口碑项目；也可在办学方式上寻找创新点，如高职院校通过集团化方式开展社区教育。在品牌的建设上，首先应对该项目形成系统化的设计方案，包括外观标识、内涵建设、保障体系、推广方式等；其次，品牌的建设要有积累沉淀的过程，应持之以恒地坚持落实，并不断对其进行总结完善，不能一味地追求建设速度和外在形式。

第四章 高等职业教育专业建设

第一节 高等职业教育专业教学标准建设

本节论述了目前高等职业教育专业教学标准建设存在概念与内涵缺乏统一认识、逻辑起点有待明确以及专业建设的指导作用不够凸显三方面的问题；分析了专业教学标准对专业建设的指导作用没有充分发挥的原因在于没有把职业能力标准的开发纳入专业教学标准的范畴，从而使专业教学标准在指导开发课程教学标准、专业教学资源、专业实训条件建设标准、技能抽查（或考核）标准等方面没有起到应有的统领作用。职业能力标准是开发专业教学标准的逻辑起点，与人才培养指导方案、课程标准、专业实施条件共同形成专业教学标准。

我国的高等职业教育，经过国家示范校和骨干校建设，逐步更新了职业教育理念，初步夯实了职业教育基础，目前已经进入了国家优质校和"双高校"建设新阶段，同时也步入了强调内涵、追求质量的新时代。原教育部袁贵仁部长在谈及如何提高职业教育人才培养质量时就曾强调"质量是有标准的，没有标准就没有质量"。站在国家优质校、"双高校"建设的潮头上，高职教育新一轮专业教学标准的开发已经吹响了冲锋号，对这些相关研究成果与具体实施情况进行归纳和总结，笔者期待能为职业教育专业教学标准开发贡献绵薄之力。

一、专业教学标准建设存在的问题

（一）概念与内涵缺乏统一认识

自 2005 年以来，相关学者陆续对专业教学标准的概念与内涵进行了研究，并给出了研究者本人的理解。束剑华在文章中明确指出，职业教育专业教学标准是职教的人才培养质量标准，是由国家相关部门颁布的并具有强制性的规范和要求，一般由专业目录、能力标准与核心课程标准、开办基本条件、教育质量评价指标体系等构成。

杨延在《研究国家标准的结构》一文中，描述专业教学标准是职教专业教学的纲领性、指导性文件，是对专业教学系统内一系列活动的状态、过程、结果的规范和指导，是由专业设置、培养目标、课程开发及方法、培养计划、教学大纲、教学管理文件等构成的。学者们对于专业教学标准的理论研究并没有止步。徐国庆等人认为一个完整的专业教学标准体系包括职业能力标准、人才培养指导方案、课程标准、专业教学实施条件。季峰等研究人员认为专业教学标准的主要内容涉及就业面向、课程体系、实训平台、教学方法和手段等，强调按岗位技能、知识、素质要求、"工学结合"教学模式确定课程体系与实训体系。濮海慧对专业教学标准的定义是详细描述专业所面向工作岗位的职业能力要求、人才培养指导方案与专业设置条件的规范性教学文件，并指出能力标准需要与资格证书考试大纲进行有效整合。张宇与唐正玲则提出专业教学标准是详细描述专业所面向工作岗位的职业能力要求、人才培养指导方案与专业教学设置条件的规范性教学文件，其开发遵循以岗位职业能力要求为导向定位培养目标、以典型工作任务为线索设计课程、以职业能力为依据开发课程内容、以"理实一体化"为原则设计教学模式。杜怡萍定义了专业教学标准是开展专业教学与建设的纲领文件，是确定培养目标与规格、组织实施教学、规范教学管理、加强专业建设、开发教材与学习资源的依据，是评估教育教学质量的标尺。马亿前等指出专业教学标准是由国家教育行政主管部门组织制定并统一颁布实施的详细描述专业所面向岗位的职业能力要求、人才培养方案、课程标准、专业实施条件等的规范性教学文件。最近研究学者指出专业教学标准是以最新的职业标准、岗位要求为基准，构建以职业能力为主线的规范性文件，其本质在于遵循专业建设规律和人的身心发展规律，参照职业岗位序列以及岗位技术等级，科学合理地确定人才培养目标与规格。

从以上众多学者的研究结果分析，目前针对专业教学标准的定义及其内涵，还没有取得一致的认识，实际工作中可能还存在专业教学标准就是专业人才培养方案，只是换了一个名称而已的浅显认识。怎么去科学合理地界定专业教学标准的定义及其内涵，同时取得职业教育领域同行高度的认可和思想理念的统一，应该是积极响应国家号召，建成具有国际先进水平的中国职业教育标准体系工作的首要前提。

（二）开发的逻辑起点有待明确

我们做任何一项工作，一般都会有一个很清晰的逻辑起点，从哪里开始，在什么地方结束，开发专业教学标准也不例外。开发或修订专业教学标准的过程，其实也是遵循人才培养规律的过程。我们开设一个新增专业，必须要对接社会行业企业的需求，通过到行业企业走访调研，进行行业企业岗位（群）职业能力分析，形成专业人才需求调研报告。目前普遍的做法是依据这个专业人才需求调研报告直接指导专业教学标准起草，专业人才需求调研报告中对行业企业岗位（群）职业能力分析的精准与否，直接反映在专业教学标准（也可能是人才培养方案）中培养目标、职业范围、人才规格描述的准确与否。从这个层面上分析，新增专业人才需求调研报告的质量无疑是保障专业教学标准质量的必要条件，在源头上影响着专业人才培养质量。对于一个非新增专业，每年都会召开专业建设指导委员会会议，听取行业企业专家对职业院校相关专业教学标准中培养目标、人才规格、部分课程设置以及教学内容的修订意见。从这个层面上分析，专业建设指导委员会专家的遴选以及专家本身的业务水平无疑是保障专业教学标准质量的必要条件，也在源头上影响着专业人才的培养质量。综合以上两点分析，专业人才需求调研报告和专业建设指导委员会专家评审意见是开发或者修订专业教学标准的逻辑起点。这种方式也是目前广大职业技术学院普遍采用的方式。

依据教育部职业教育与成人教育司发布实行的第一批高等职业学校专业教学标准中所包含的 14 项内容，结合徐国庆等人认为一个完整的专业教学标准体系包括职业能力标准、人才培养指导方案、课程标准、专业教学实施条件 4 个模块，我们不难对 14 项内容按 4 个模块进行归属。专业名称、入学要求、基本学制、培养目标、职业范围、人才规格、主要接续专业、课程结构、教学时间安排可以归属到人才培养方案模块中，课程设置及要求、教学实施、教学评价可以归属到课程标准模块中，实训实习环境与专业师资配备可以归属到专业实施条件模块中。那么徐国庆等人所提到的职业能力标准是什么？具体涉及哪些内容？职业能力标准是指对特定岗位或岗位群中职业能力（知识点与技能点）的条目化、系统化、精确化描述与制度化规定。

在最近的理论研究文献以及标准实践开发工作中，虽然已经有一些研究成果明确把职业能力标准作为专业教学标准的核心组成部分，并指出职业能力标准是开发专业教学标准的理论基础和逻辑起点，但是在实践层面的标准建设工作中比较少见，有待进一步明确。

（三）对专业建设的指导作用有待凸显

中国民航局 2005 年颁布的《民用航空器维修培训机构合格审定规定》规章，明确要求申请成立民用航空器维修培训资质的机构必须依据《民用航空器维修基础培训大纲》和《民用航空器维修人员技能培训大纲》的要求编写《民用航空器维修培训手册》，同时为了满足《民用航空器维修基础培训大纲》和《民用航空器维修人员技能培训大纲》的要求，专门发布《民用航空器维修培训机构培训设施设备要求》，为建设培训机构的硬件设施提供指导。《民用航空器维修基础培训大纲》和《民用航空器维修人员技能培训大纲》明确了民用航空器维修人员所必须掌握的基础知识点和基本技能点，这完全可以理解为行业制定的职业能力标准，全体民用航空器维修培训机构遵照执行，是民航 147 培训机构的纲领性文件。它最直接的作用是为民用航空器维修培训机构的建设，规定了培训课程体系结构和设置要求，为培训实施条件建设和培训课程开发提供了依据，同时还指明了培训师应传授学员哪些知识和技能，具有指导作用。

类比高等职业教育，专业教学标准是专业建设与教学的纲领性文件。它规定专业课程的体系结构和设置要求，应该为教学实施条件建设和课程开发提供依据，同时也应该指导教师应传授学生哪些知识和技能，并对教学提出具体建议。然而，在开发制定专业教学标准、发挥专业教学标准的作用时，可能还是与设想存在一定的偏差，可以归纳整理为以下五方面。

第一，在开发制定专业教学标准时，普遍没有把职业能力标准的开发纳入专业教学标准的范畴。一个专业的人才培养目标，尤其是知识要求、技能要求与素养要求不能仅仅局限在人才培养方案中罗列出来的人才培养规格。职业能力要求不够清晰，必然直接影响到人才培养的目标不够具体，最后人才培养的质量就不一定会符合行业企业的需求。职业能力标准中所归纳的知识点与技能点要求，其实就是在工厂企业普遍描述的应知和应会。这些要求同样已经反映在学院承接沈飞、哈飞新员工培训项目，以及开办上海飞机制造厂订单班时，企业明确提出的技能清单要求中。这是专业教学标准对人才培养的规格与要求界定不够凸显，从而无法保障人才培养质量。

第二，在开发制定课程教学标准时，存在没有标准可依的问题。课程教学标准包括课程定位、课程目标、课程内容和教学实施建议等四个基本模块。其中，课程内容主要是为满足知识点要求所要讲授的内容。如果是工学结合的课程，课程内容中还必须依据技能点要求开发实训项目。这些知识点与技能点的要求，源头也直指职业能力标准。如果没有职业能力标准，在开发课程教学标准时，教学内容的设计就缺乏依据和准则，实际工作中课程教学标准的质量完全依靠开发者的知识结构和认知水平。目前在开发制定课程教学标准工作中，开发者和执行者是同一个任课教师的现象还是存在的。这是专业教学标准指导课程教学标准的开发作用不够显著，无法保障课程教学标准的质量，同样无法保障人才培养质量。

第三，在开发制定专业教学资源时，同样存在没有标准可依的问题。2019年，国务院发布的《国家职业教育改革实施方案》中提出了"健全专业教学资源库"的有关要求，教育部职业教育与成人教育司也进一步明确提出遵循"一体化设计、结构化课程、颗粒化资源"的建构逻辑开发专业教学资源库。颗粒化资源的"颗粒化"原则是以职业能力标准中条目化、系统化、精确化描述与制度化规定的知识点与技能点。如果没有职业能力标准，在开发专业教学资源库时，围绕什么点去开发颗粒化的资源，可能就是首先要解决的问题。这是专业教学标准指导专业教学资源的开发作用不够显著。

第四，在开发制定专业实训条件建设标准时，同样存在没有标准可依的问题。在课程教学标准教学实施建议中明确了教学方法与教学过程建议、教学评价建议、课程条件保障建议等。为满足职业能力标准中技能点训练的要求，需要在课程开发中设计与之相适用的实训项目。开发实训项目必然就会有场地、设施、设备、工具、劳动保护以及耗材的要求，这些项目清单就组成了专业实训条件建设标准。如果专业教学标准中缺失职业能力标准，就无法指导专业实训条件建设标准的开发，从而无法发挥其指导专业实训条件建设的作用。

第五，在开发制定技能抽查（或考核）标准时，同样还是存在没有标准可依的问题。虽然在课程教学标准教学实施建议中有教学评价建议，但是在职业能力标准缺失的前提下开发的课程教学标准本身就存在质量问题，那么在此前提下提出来的教学评价建议，笔者认为更不符合人才培养的质量要求。技能抽查（或考核）标准必然要回应职业能力标准的具体要求，形成一个标准体系的闭环，同时也是一个人才培养质量控制的闭环。

二、对问题的思考和建议

（一）统一概念与内涵

综合相关学者的研究成果，赞同专业教学标准体系应包括职业能力标准、人才培养指导方案、课程标准、专业教学实施条件的观点。职业能力标准是专业教学标准开发的基础构件，人才培养指导方案是专业教学标准的重要构件，课程标准是专业教学标准的核心构件，专业教学实施条件是专业教学标准的必要构件。以职业生涯发展为目标开发职业能力，以任务为线索界定职业能力，以职业能力为依据组织知识、技能与态度的要求。这一认识当然需要得到国内广大职业教育同行的一致认同。

（二）明确逻辑起点

赞同职业能力标准是开发专业教学标准的逻辑起点。如果我们把专业人才需求调研报告改造、提升、固化成岗位（群）职业能力标准，使其成为专业人才需求调研工作的直接成果，用来指导专业教学标准的起草或修订。这样就可以进一步把职业教育专业教学标准建设延伸，从前往后形成职业能力标准、人才培养指导方案（包括专业名称、入学要求、基本学制、培养目标、职业范围、人才规格、主要接续专业、课程体系结构、教学进程安排）、课程标准（课程设置及要求、教学组织实施、课程考核评价）、专业实施条件（专业实训条件建设标准、专业教师团队建设标准、专业教师任职资格标准）、学生顶岗实习标准、技能抽查（或考核）标准等，实际上最后人才培养的技能抽查（或考核）标准环节必然会回应职业能力标准的具体要求，从前往后，环环相扣，但始终以职业能力这条主线贯穿前后。

（三）积极发挥作用

职业能力标准的开发，可以在开发课程教学标准、专业教学资源、专业实训条件建设标准、技能抽查（或考核）标准等方面完善专业教学标准应该具备的指导作用。纲举目张，有了职业能力标准这个前提条件，人才培养指导方案、课程教学标准、专业实训条件建设标准、技能抽查（或考核）标准等体系文件的开发和制定就有了服务的中心和依据，人才培养的质量就有了可靠的技术保障。

高等职业教育专业教学标准是开展专业建设与教学的纲领性文件，同时还是检验人才培养质量的标准。对于职业院校来说，专业教学标准是人才培养所应达到的规格要求；对于教育者来说，专业教学标准是开展教学工作的指导规范；对于行业企业来说，专业教学标准是用人单位选用员工的参考；对于学习者来说，专业教学标准是确定从事一个专业领域需要掌握的知识、技能和职业素养等内容的学习指南。这一切作用的有效发挥，都取决于职业能力标准的开发。因此，职业能力标准是开发专业教学标准的逻辑起点，与人才培养指导方案、课程标准、专业教学实施条件共同组成专业教学标准。

第二节　高等职业教育专业建设实施

结合专业建设实践，本节分析了高等职业教育专业建设的有效实施途径，即针对专业建设进行调研、分层次规划专业建设、分阶段实施专业建设计划；论述了专业建设调研的对象和目的，三个不同层次的专业建设规划的内涵，以及专业建设计划三个实施阶段的建设任务；探讨了以就业为导向、以服务为宗旨策略、以行业为依托策略、建立专业群策略、突出专业的特色、建设名牌专业策略，"双证书"策略等高等职业教育专业建设策略。希望这些为高职院校专业建设提供借鉴和帮助。

进入 21 世纪以来，我国的高等职业教育发展迅猛。为提高教学质量，办出高职特色，教育部等教育行政部门实施了"教学质量与教学改革工程""示范性高等职业院校建设计划"等一系列建设项目，大力加强高等职业教育教学基本建设。专业建设作为高等职业教育内涵建设的重点，对其建设机制、建设原则、建设方向、建设体系、建设措施、建设标准以及建设数量等都提出了明确的目标，进行了详尽规划。各高职院校也以专业建设为核心，全面推动教学基本建设，推动高职院校建设，从而推动高等职业教育科学发展。专业建设已成为高职院校和高等职业教育可持续发展的根本。因此，研究高等职业教育专业建设实施是非常必要的。

一、针对专业建设进行调研

高职院校在设置新专业、改革老专业、进行专业结构调整时，需要考虑诸多因素。既要考虑学校现状与发展，又要考虑市场需求与社会需要，还要考虑办学效益，即综合考虑，量力而行。因此，实施专业建设时，必须进行针对性调研，明确专业建设思路、目标，把握建设重点、难点和内容，找准切入点和突破口，为专业建设的规划与实施奠定坚实基础。

（一）调研学校自身办学与专业建设状态

首先，调研学校的办学定位、事业发展规划、人才培养目标、现有办学条件和资源等，掌握学校未来发展对专业门类、专业数量与专业规模的要求，以及为专业建设提供的发展空间；其次，调研学校现有的专业资源和专业建设基础，掌握学校的专业质量、特色、规模效益等专业优势所在，掌握学校的专业发展规律和人才培养规律，掌握学校在人才培养方案、人才培养途径和模式、课程建设、师资队伍、教育技术与教学方法、教学管理与质量保障机制、实践教学基地与教学条件、社会服务和对外交流、专业文化建设等方面的累积优势，以及存在的不足和劣势。如此做到扬长避短，提高专业建设水平和办学效益。

（二）调研社会经济发展需求

首先，调研行业企业、本地区、国家产业结构和产业结构调整计划，调研国家经济、科技和社会发展规划等，掌握其职业岗位、岗位群及其发展对专业人才的需求；其次，调研掌握专业生源状况与就业需求。把握好机遇，将专业办在社会需求的热点上，在激烈竞争中占得先机，开拓专业建设和学校发展空间。

（三）调研同类院校办学与专业建设状态

调研掌握同类院校办学状态、专业建设状态及其发展趋势，树立"人无我有，人有我优，人优我新，人新我特，与众不同，出类拔萃"的专业建设思想，突出专业特色，避免恶性竞争，占据有利发展位置，提升办学竞争力。

二、分层次规划专业建设

在调研的基础上，组织学校相关教师和专家、行业企业技术人员和专家、教育行政部门专家，以及政府产业、科技、经济等发展规划部门专家等，分析、论证，科学规划学校的专业建设。

学校的专业建设应分三个层次进行规划：

（1）专业建设发展规划；

（2）专业群建设计划；

（3）专业建设计划。

三个层次的规划，以专业建设发展规划为引领，专业建设计划为重点，相互支撑，相辅相成，不可偏颇。

（一）制订学校专业建设发展规划

学校的专业建设发展规划主要包含四方面的内容。

（1）明确专业建设指导思想，为专业建设定位。例如，笔者所在院校专业建设的基本指导思想：坚持立足国防，面向陕西，辐射全国，服务地方社会经济建设；以专业建设为主导，以专业团队建设为核心，以提高科研层次、服务国防工业和地方经济为目标；树立争优意识、特色意识，促进专业建设上水平，人才培养上质量，使学院成为专业建设在全国同类院校中具有领先优势、特色鲜明的示范建设院校。

（2）对专业建设的方法、模式、技术路线、实施手段等进行规划和设计，为专业建设提供技术指导。例如，笔者所在院校提出：深化校企合作体制机制建设，坚持以服务为宗旨，以就业为导向，走产学结合道路，加大校企合作力度、深度；不断改革长线专业，增设市场紧缺专业；设置新专业要进行充分的市场调研和论证，制订完备的新专业实施计划、人才培养方案等文件，新专业必须是社会需求高速增长的兴奋点；老专业改革必须以专业市场调研为基础，依据职业岗位任职要求，与行业企业联合开发人才培养方案、制定课程体系、组织课程内容；将职业知识和技能培养、获取职业资格证书纳入专业培养方案，为学生求职、任职、创业奠定坚实基础；吸纳行业企业参与专业人才的培养过程与质量评价；建立专业建设定期检查与评审制度，健全质量保障体系，制定相应的激励措施，形成有效竞争机制，并将就业水平、企业满意度作为衡量人才培养质量的核心指标，保障和全面提高人才培养质量等，为专业建设设计了具体的方法、方式、模式，规划了技术路线和实施路线。

（3）设立专业建设发展目标、预期效果，为专业建设导航。例如，笔者所在院校专业建设总体目标为：专业建设重点由外延发展转变为内涵发展，提高质量，通过对省级重点建设专业的积极扶持，形成品牌特色专业和其他专业协调发展的专业格局，专业数量与学院学生规模相适应，专业设置与人才培养质量更能满足社会经济需求。同时，对专业发展领域、专业群方向、专业布局，国家级、省部级、校级重点专业、示范专业，以及特色专业等进行了详尽的数量、质量、时间等规划，也对未来专业发展做出了进一步展望，为专业建设确定了奋斗目标。通过专业建设使得学院的人才培养质量显著提高，示范作用显著增强，社会服务能力显著提升，进一步凸显示范性高职院校的导向、示范、辐射作用。

（二）制订专业群建设计划

在学校专业建设发展规划的基础上，进一步制订各个专业群的建设计划。专业群建设计划的内容主要包含以下四点：

（1）确定专业群的专业领域范围与服务面向、专业构成（如专业数量、专业方向、专业特色、专业名称等）与专业规模、骨干专业与重点建设专业。

（2）确定专业群共享教学资源建设目标与进程。如教学设备设施、实践教学基地、师资队伍、课程与教材、质量标准等建设目标与进程。

（3）设计策划专业群人才培养方案与培养模式、课程开发方法与教育技术手段、教育教学管理与质量保障体系、校企合作方案、社会服务与对外交流机制等。

（4）明确资金投入额度计划。例如，我院在国家骨干高职院校建设中，将以机械制造与自动化、精细化学品生产技术、应用电子技术、机电一体化技术等四个专业为重点，实施专业群建设。其中，以机械制造与自动化专业为重点建设的专业群，包含机械制造与自动化、数控技术、模具设计与制造、汽车制造与装配技术等专业。专业群建设将参照职业岗位的任职要求制订人才培养方案，引入行业企业技术标准开发专业课程；推行任务驱动、项目导向的教学模式；建设师德高尚、素质优良、专兼结合、双师结构的师资队伍；扩建、改建或新建一批满足教学、生产及技术研发需要，机制灵活、资源共享、效益突出的校内生产性实训基地；创新工学结合人才培养模式，不断提高人才培养质量，将机械制造与自动化专业打造成品牌专业，凸显办学特色，推动学院办学水平的整体提升。

（三）制订专业建设计划

在学校专业建设发展规划和专业群建设计划的框架内，针对新设置专业或老专业改造制订专业建设（改造）计划。专业建设（改造）计划的内容主要包括：相关调研论证报告、可行性报告、专业人才培养方案、课程教学大纲、专业设置标准；教学文件、师资队伍、实践教学条件、教育技术、课程体系、教学内容与教材、教学改革等的建设思路、建设目标、进度计划。

为了确保专业建设（改造）计划的先进性、科学性和可行性，应特别注意以下几点：

（1）以"培养面向生产、建设、服务和管理第一线需要的高技能人才""以就业为导向"为原则，以市场需求为依据，确定专业人才培养目标。

（2）根据专业人才培养目标，设计专业人才培养方案。对专业人才培养目标进行细化，具体到知识目标、技能目标、能力目标、素质目标等，根据这些具体的培养目标构建课程体系，确定本专业应开设的公共基础课程、专业基础课程、专业核心课程、专业拓展课程等，确定每门课程的内容体系和教学内容，进行课程之间的衔接设计。同时，将相关技术等级和职业资格培训融入专业人才培养方案中。

（3）按照专业人才培养目标和课程教学目标选择人才培养模式、教学模式，改革教学方法。积极实施工学结合、订单培养、项目导向、顶岗实习等人才培养模式和教学模式，突出实践能力培养，增强学生的职业能力。

（4）按照专业人才培养方案、模式和课程教学需要，设计和完善教学基本建设。师资队伍建设、教材建设、实践教学基地建设、教学管理制度建设等教学基本建设是专业建设的关键。建设"双师"结构、专兼结合的专业教学团队，与行业企业合作开发适应职业岗位（岗位群）任职要求、融合相关职业资格和技术等级标准的课程和教材，紧密联系行业企业进行实训、实习基地建设等是高等职业教育教学基本建设的核心。

三、分阶段实施专业建设计划

三个层次专业建设规划的实施应统筹安排，相互支撑，交叉进行，最终实现专业建设发展规划目标。专业群建设计划和专业建设发展规划的实施，为专业建设计划的实施及其建设目标的实现提供有力保障，而实施专业建设计划，完成专业建设计划目标，是实现专业群建设计划和专业建设发展规划目标的基础，应给予足够重视。

实施专业建设计划是一个长期的过程，可以分为三个阶段进行，每个阶段的建设任务各有侧重。

（1）专业开发阶段。该阶段的主要任务是调研论证，确定专业方向和专业人才培养目标，拟订专业开发方案，提供调研论证报告、可行性报告、制订专业人才培养方案、课程教学大纲和专业建设标准等文件资料，完成设置新专业（或专业改造）的审定与审批工作。

（2）专业基础建设与强化建设阶段。这一阶段跨越新专业开办（或专业改造）前后，至少要持续一个专业人才培养方案实施周期，甚至更长的时间。其主要任务是根据专业开发（或专业改造）方案的规定，制订专业建设实施方案，落实专业建设进程，统筹、整合教学资源，完善专业教学、管理、评价等相关文件制度，实施新专业（或专业改造）培养方案，完善强化专业基础建设，保证人才培养水平。本阶段以教学文件建设、教师队伍建设、校内外实践教学条件建设、现代教育技术建设、课程体系与教学内容建设、教材建设、教学模式与方法建设等为核心。

（3）专业稳定发展阶段。这是一个长期持续的过程，是专业建设的主旋律，既包含新开设专业的完善，也包括老专业的调整改革。这个过程要始终坚持以就业为导向，深化专业改革，强化专业内涵建设，积极探索人才培养途径和模式，提高人才培养质量，满足经济社会不断发展带来的对人才的需求。

四、采取科学有效的专业建设策略

"高等职业教育作为高等教育发展中的一个类型,肩负着培养面向生产、建设、服务和管理第一线需要的高技能人才的使命。"因此,只有采取科学有效的具有高等职业教育特点的专业建设策略实施专业建设,才能收到事半功倍的效果。

(1)"以就业为导向,以服务为宗旨"策略。针对行业企业、区域经济和社会发展需求,主动调整和设置专业,创造条件开设紧缺人才专业,实现专业设置与市场需求接轨,服务于社会,增加学生的就业机会。

(2)以行业为依托策略。依托行业企业,组建职教集团,实施深层次产学研结合、校企合作,深入开展工学结合、订单培养、顶岗实习等,实现专业建设、招生、培养、就业良性循环。

(3)建立专业群策略。利用学校已有的专业资源和办学条件,结合市场需求,以重点专业为龙头、相关专业为支撑建设专业群,提高办学效益。

(4)突出专业的特色,建设名牌专业策略。以"人无我有,人有我优,人优我新,人新我特,与众不同,出类拔萃"为原则,实现专业的独有性、独特性和不可替代性,建设名牌专业,提高竞争能力。

(5)"双证书"策略。以取得学历证书、技术等级或职业资格证书等双证书为目标,引入国家职业标准和行业企业技术标准,制订人才培养方案,改革人才培养模式,构建课程体系,开发专业课程,实施专业基本建设。完善"双证书"教学与考核机制体制,以融学历教育与职业能力培养于一体为前提,着重学生职业能力的培养。鼓励"多证书",争取更多就业机会。总之,要树立就业导向、服务宗旨、办学效益专业建设思想理念,努力实现规模、质量、效益三方面协调发展。

对于高职院校而言,专业是连接学校与社会的纽带,是学生就业的桥梁,是校企合作的帮手,是学校服务于社会的基础。只有采取科学的具有高等职业教育特点的专业建设策略,坚持走专业建设调研、分层次规划专业建设、分阶段实施专业建设计划的专业建设实施途径,才能不断提升专业建设水平,彰显高等职业教育特色,保证人才培养质量,提高办学社会效益,促进学校可持续发展;才能推动高等职业教育科学发展,增强高等职业教育的竞争力;才能培养大量科技、经济和社会发展需要的高素质技能型专门人才,在建设人力资源强国和高等教育强国的伟大进程中起到不可替代的作用。

第三节　产业集群与高等职业教育学院建设

特色专业学院是满足产业结构转型升级，培养符合企业技术创新需要的发展型、复合型和创新型技术技能人才的重要组织创新形式。本研究基于产业集群理论的视角，从产业链选择、组织管理创新、人才培养模式改革、课程体系重构、实践教学体系构建和师资团队建设等方面探讨高等职业教育与产业集群对接的策略，为高职院校的专业优化调整提供建议。

高等职业教育的属性特征决定了高职院校的专业建设与地方经济水平、产业结构和产业发展密切相关。产业结构的优化与升级，必然会引起劳动力结构和技术结构等一系列的变化，这就要求高职院校在组织管理模式、专业结构、人才培养、课程体系、实践教学和师资团队等方面及时做出调整，形成与之相适应的机制。职业教育改革至今，办学机制僵化、专业结构不合理和以简单就业为导向的高职院校体制机制已经成为区域经济发展与产业转型升级必须跨越的难题。通过建设特色专业学院，既能发挥高职院校特色品牌专业优势，又能借助产业集群的资源优势，促进产教深度融合，实现产业资源和教育资源的效用最大化，提高人才培养质量和产业服务能力。因此，需要结合高职院校的办学性质，厘清特色专业学院建设与产业集群的内在关系，探索特色专业学院的建设策略，为高职院校专业的设置和调整提供理论和实践的决策支持。

一、特色专业学院建设的内涵

高等职业教育服务区域经济社会发展，为区域产业结构调整和转型升级提供人才供给，这是由其本质属性所决定的。高等职业教育要为区域产业发展提供高素质技术技能型人才，其专业建设必然需要与地方产业集群发展相联结，突出专业"特色"，提升专业服务能力和影响力。从产业集群理论的角度看，不同集群的企业对于工作岗位所要求的知识、技能和能力都存在很大差别。高职教育要获得产业集聚带来的资源优势，其专业群设置必然要求以现有核心专业为基础，以地方支柱产业的职业岗位群为依据，根据对接产业的发展规模和人才需求规格来动态调整和优化专业结构，增强相关专业之间的融合度，促进专业的品牌提升和可持续发展。

特色专业学院是指高职院校中拥有与区域支柱产业发展相适应的专业或专业群的学校二级教学单位（学院或系），其专业或专业群能够充分体现学校的办学定位，并具有较高的办学水平、较好的社会效益和鲜明的办学特色。根据广州市特色专业学院建设实践经验，一般是通过"特色专业—特色专业群—特色专业学院"的过程来建设特色专业学院。这一过程表现为包含三个阶段的由低层次向高层次发展的演变。第一阶段：特色专业，是高职院校具有的独特优势和资源沉淀，与区域经济社会发展高度契合的专业，具有独特性、不可替代性、稳定性和支撑性等特征。特色专业通过对接地方优势产业，促进行业、企业的积极参与，在与产业界合作过程中获得物资、人力和信息等资源，推动专业不断健康发展。由此，特色专业建设是通过密集的产业互动得以实现的，是职业教育与产业发展的融合。第二阶段：特色专业群，是高职院校按照与区域产业相近职业岗位群相对接的原则，根据专业群"集聚性、专业性、融合性"的内在要求，由一个或多个优势专业及其相关专业组成的专业集群。特色专业群通过对接地方产业集群，以产业集群为导向，获得产业集群带来的集聚、协同和共生效应，从而使性质相近且互为依存的专业聚合成群。第三阶段：特色专业学院，是在现有高职院校办学体制下，依托长期办学过程中积累的办学优势，结合办学特色，构建基于校企合作的专业群建设长效机制，具有资源集聚和柔性化教学组织管理的二级教学单位。特色专业学院通过对接地方产业链和职业岗位群，与职业领域的工作要素产生直接联系，发挥品牌专业的引领作用，实现专业间的优势互补和资源共享，创新有利于高职院校、行业、企业等多方利益相关者协同发展的管理机制体制，提高人才培养质量。

当一个高职院校专业或专业群定位于某一地方产业集群时，专业或专业群与集群企业发生的交互、合作和博弈关系可能会影响特色专业学院建设的内在形成机制。地方产业集群会对专业或专业群的人才培养目标、人才培养规格、人才培养模式以及人才培养质量评价产生影响，这将要求高职院校须主动根据集群产业要求创新校企合作机制，以企业职业教育意识与能力评价为核心来选择核心企业，重构课程体系和实践教学体系，建设"双师型"教学团队，建设开放共享型实训基地，形成具有行业指向性和职业选定性的特色校园文化。

二、特色专业学院的理论依据

产业集群作为我国区域经济发展的主要组织形式，对提高区域产业竞争力，增强企业对日益复杂的经营环境的适应能力显得日趋重要。产业集群理论是经济学领域中针对产业集群或企业集群的研究，一般认为，产业集群是由一组性质相近、地缘接近和互为依存的相关企业或经济个体在一定区域内形成的产业链，基于资源集聚的比较优势而带来集聚效应、效率效应、协同效应、规模效应和扩散效应，从而促进企业创新与发展，其目的是获得绝对的竞争优势和经济利益的最大化。

产业集群理论是特色专业学院建设的理论依据，在设立专业群的形成机制、共享机制、校企合作机制和管理机制等方面均有重要指导作用。高等职业教育作为高等教育的一种类型，主要培养社会生产服务一线发展的复合型、创新型技术技能人才，与区域经济发展联系最为紧密，区域产业发展特点和需求往往最先反映在这一教育类型。根据高等职业教育"高等性""职业性""教育性"的性质，按照区域产业集群发展对技术技能型人才的层次、结构、规模、质量等方面进行人才培养是高等职业教育办学的主要目的，能够为区域产业集群经济的发展提供强有力的人力支撑。产业集群的发展要求高职院校的人才培养以区域产业发展为导向，专业设置与集群产业结构、特点和人才需求规格相耦合，专业结构与产业结构相匹配，并建立专业的动态调整机制，适应产业转型升级。

三、基于产业集群的特色专业学院建设策略

（一）适应产业集群发展，建立区域经济特色专业群

作为一种组织形态，专业群是构成特色专业学院内部组织的基础，基于区域产业集群和"职业联系"是特色专业学院的外部生态。特色专业学院建设的关键，是依据产业集群和职业岗位群特性，以产业集群对高素质技术技能型人才的需求为导向，构建由多个内部性质相近、技术基础相同、资源优势互补的骨干专业或相关专业组成的专业集群。特色专业学院建设立足产业集群发展，体现学院的专业特色，坚持"共同发展、合作共赢"的原则，通过校企合作机制创新、人才培养模式创新、课程体系构建创新、实践教学体系创新、师资队伍建设创新和教学管理创新等措施来保障办学目标的实现。

对于特色专业学院而言，其内在专业群的建设主要包括两个具体层面：一是核心专业的确定。核心专业是围绕行业产业经济发展，面向特定的产业集群，在同类学校处于一流地位或领先地位的龙头专业，对群内相关专业具有强大的引领辐射作用，推动专业群的整体发展，充分体现特色专业学院的办学优势。二是群内专业的选择。群内专业具有优势互补作用，有共同的专业基础，在基础教学、基本技能培训、师资资源与实训资源等方面都能进行协同共享，促进专业间的合作与发展，体现一定的专业特色，提升专业群的建设水平。

（二）创新组织管理模式，建立"双主体"校企合作办学机制

根据区域产业集群范畴、优势企业需求，按照产业链和职业岗位群的人才培养要求，由政府、学校、行业、企业、研究机构共同组建特色专业学院理事会，通过明确参与各方的角色定位，充分发挥相关利益主体在政策支持、职业教育、产业资源、行业培训和技术开发等方面的优势，促进各方办学资源整合和有机融合，实现资源共享、优势互补、人才共育、责任共担、利益共享和共同发展的组织管理模式。特色专业学

院理事会实行理事长负责制，理事长由行业企业领军人物担任，负责学院的发展规划和专业结构的优化调整，从管理上改变以学校为主导的传统组织架构。

按照 2017 年国务院办公厅发布的《关于深化产教融合的若干意见》要求，要构建教育和产业统筹发展、融合发展格局，强化企业重要主体作用，深化"引企入教"改革。因此，构建以企业为主导的"双主体"校企合作办学机制是推进产教协同育人的必然要求。校企双方根据区域产业人才需求层次、结构和规格等要素，共同制定人才培养方案、教学标准、课程标准、师资标准和评价标准等，改革传统以学校为主导的人才培养模式，由企业承担专业技术教育，使企业工作场所成为学生实训基地、企业师傅成为学生实训指导教师，实现企业工作过程到学校教学过程的精准对接，有利于提高人才培养的产业适应性和针对性。

（三）创新人才培养模式，构建基于职业岗位任职要求的课程体系

特色专业学院强调专业群与产业集群的融合，专业与专业之间的融合，要求以专业群对接的区域产业集群为基础，以职业岗位、职业核心能力为导向，以校企合作为纽带，从岗位职业能力分析入手，结合学生成长规律认知规律、注重学历教育与在岗培训相融合的工作思路来进行人才培养模式创新。根据工作岗位、工作能力、工作任务、工作过程等对人才培养知识、能力、素质等方面的要求，在兼顾学生个人发展需要的前提下，校企双方共同制订科学、规范的人才培养方案，确定与工作岗位相匹配的教学内容和教学形式，改革教学质量评价标准和学生考核办法，将企业评价纳入学生学业评价标准，适应工学交替和岗位成才的需求。

特色专业学院人才培养模式的改革，要求重新建构原有单一性专业的课程体系，按照工作岗位职业标准来设计专业群课程体系，依据职业岗位群的工作任务、工作内容开发专业课程，以培养学生的基本素质与能力、专业群职业通用能力、职业岗位能力和个性化发展能力为核心，形成以专业群为基础的"底层共享，中层分立，高层互选"课程体系。在人才培养目标的指导下，由职教专家、企业与学校、教师与师傅共同研发职业岗位任务与能力标准，按照"企业用人需求与岗位资格标准"来设置课程教学标准；由课程专家、企业技术骨干和学校专业教师共同合作开发基于工作过程系统化的项目课程，形成学习训练内容与工作过程相一致、与工作任务相符合的专业课程模块，实现人才培养的知识目标、能力目标和素质目标。

（四）创新教学理念，建立开放共享的实践教学体系

特色专业学院具有集聚性、专业性和融合性等特征，专业之间有着共同的技术基础，其实践教学有别于原来的单一性专业教育，需要将分散、杂乱和效率低的实践教学元素进行创新整合，引入产业和企业资源，改变传统专业实践教学体系的封闭状态。

在产业集群背景下的实践教学，通过构建校企一体化技术平台对专业群内各专业的实训场所、实训设施设备和实训师资等要素进行重新整合，形成系统完整的专业群实践教学体系，最终实现实践教学资源的共建、共享和共用，提高专业群实践教学资源的使用效率和社会效益。

对接区域发展产业，构建开放共享的实践教学体系，实现"实训基地企业化"和"实践教学生产化"。通过建立市场机制，实行政府购买服务，学校提供场地，企业运营管理的模式，引入真实的企业项目，将企业部分生产和产品孵化功能安排在校内生产性实训基地，使特色专业学院成为相关企业的研发中心，符合新技术发展趋势，既能完成专业的实训教学任务，又能解决企业生产实践中迫切需要解决的技术难题。基于区域产业集群建立动态的实践教学体系调整机制，主动适应产业升级和市场需求的变化，对实训内容和实训环节进行相应调整。特色专业学院围绕专业群所对应的产业集群，以岗位群工作要素形成的职业联系，按照企业与教学联系的密切度和适合度，对校外实训基地进行建设和分类管理，建立双方长效合作机制，满足专业群每个专业的核心能力培养，提高人才培养的产业契合度。

（五）创新培养机制，建设高素质的"双师"教学团队

"双师"教学团队建设是提高特色专业学院教学质量的重要举措，因此，加强"双师"教学团队建设不仅是教师队伍建设的重要一环，也是特色专业学院建设的重要组成部分，是推动专业人才培养持续发展的关键。通过成立教师发展中心，从对教师太多的监督、检查、要求转向更多的辅导、支持和帮助，使教师适时跟踪国内外行业新技术，开展生产技术工艺与行业规范交流，拓宽专业视野，鼓励教师考取相应的执业资格证书，提高专任教师的综合职业素养与实践教学能力。在优质企业建立流动工作站，分期、分批组织教师到工作站挂职锻炼，并设立校内专任教师与企业技术业务骨干团队，合作解决企业生产经营问题，服务企业发展，利于专业教师在社会实践中提升服务能力。

通过引进、培养和提高，逐步实现特色专业学院专任教师师傅化、企业师傅教师化，实现产教融合、科研合作，促进产学有机融合，不断完善和提升教学团队的能力和水平。校企双方共同制定学校与企业技术骨干双向流动、互聘共用的激励制度和考核制度，逐步形成校企人才互聘互用的用人机制。重点培养企业兼职教师，设置严格的遴选机制，从优质企业中选聘具有较高社会知名度的技术骨干和能工巧匠，成为特色专业学院兼职教师库成员，由校企共同培养和管理受聘人员，学校为企业兼职教师提供培训机会并给予经费支持，通过参加教学方法、教学手段等培训，参与企业现场教学，承担实践教学任务等方法，提升企业兼职教师的教育教学水平。

总之，以服务区域优势产业集群为目标的特色专业学院建设，主要强化特色培育，

发挥专业群的集聚效应，形成面向区域产业结构的专业定位和办学特色。特色专业学院实质上是高等职业教育应对未来挑战、适应社会发展需求的一种组织管理创新机制体制创新。特色专业学院强调专业群和产业集群的融合，通过破除与其他利益主体间的壁垒，积极引入政府、行业组织、核心企业等多方利益主体，创新"政行校企"多方协同机制，改革传统人才培养模式，建立教育资源与社会资源共建共享机制，形成属于自己的区位集群办学优势，更好地满足区域经济社会发展和产业结构转型升级对高级技术技能型人才的需求。

第四节　高等职业教育的专业群建设

专业群建设是一个实践范畴，但忙碌且有些混乱的活动似乎预示着理论上的认识模糊，或缺乏有效的科学依据。在教育理论、经济管理理论的指导下，通过实践，试图摸清这一教育教学社会实践的理论线索或科学依据，以期在指导专业群建设深入开展的同时，提供特定的启示。

专业群建设是高等职业教育发展的重要战略，受到了教育行政管理部门和高等职业院校的高度重视。但对相关专业的"相关性"缺乏科学统一的认识，对专业群建设与高职院校办学效率和质量的关系，也缺乏运营管理层面的深刻认识，本节试图透过具体的实践个案，以教育学、经济学和管理学综合交叉的理性思考来解读专业群建设中的相关概念，并通过分析、扩展甚至批判性的思维进行理论探索，尝试解答上述问题认识上的不清，并面向高职院校决策者提出创新性的策略建议。

一、高等职业教育与专业

20 世纪 90 年代中期至今，我国的高等职业教育经历了近 30 年的探索和发展，在办学规模和质量上虽然有了一定的进步，但还无法同传统的普通高等教育相提并论，更未出现人们期望的成为高等教育半壁江山的局面。同时，该类教育在满足社会经济发展需要方面，也有些力所不及。因此，如何进一步发展高等职业教育，人们进行了大量的社会实践和理论探索。在办学指导思想、办学机制、教育教学模式、课程设计与改革、教学方法改革等方面，涌现出许多新的理念和方法，专业群建设的观念和实践是当前的一个热点话题。

从政府行政的角度看，高等职业教育被定性为高等教育的一个类型，说明它首先归属于高等教育范畴，不能简单地认为是中等职业教育的上一层级。这可以从以下境遇中窥得一斑，许多研究者在试图探讨中高职的衔接性和区别时陷入困境，通常发现中高职培养目标难以在事实上区分，相关办学专业也缺乏对应性和衔接性。这在事实上说明，中高职教育是两个并行不悖的职业教育形态，高职教育则更多地承袭了高等教育的属性，专业设置就是两者最核心的交集。

通常人们习惯把高等教育的学术性和职业性严格对立起来，形成非此即彼的认知格局。本节认为，学术性和职业性是统一连续体，一端是 100% 的学术性，另一端是 100% 的职业性，中间是两者不同比例的混合体。现实地看，也许有纯粹的高等学术教育和纯粹的高等职业教育，但我们可观察到更多的是两者的混合，学术和职业各自组分的比例则依培养目标和专业领域范围而调定。隐含的假设是，刻画高等教育混合体的维度应该是多样的，包括学科分类、工程技术分类、产业分类和职业分类等。职业资格研究方法分类的学科系统化原则、工作过程系统化原则、符合学科逻辑结构、符合人的发展规律四个维度也从另一个侧面说明了这一点。

从实践的角度看，1996 年前后开始试点的高等职业教育都发端于传统的专科院校，包括成人院校和师范院校。办学专业基本承袭了高等院校本科教育的范式，只是选择的领域与新兴的产业密切相关，或者表现为两个以上专业领域交叉融合的复合性。所以才有后来关注突破基础课、专业基础课、专业课"老三段"模式和期末考试模式的教研教改议题。但仔细考察本科专业的产生会让我们对高职专业认识得更透彻。1952年开始的我国高等教育院系调整，使我们的高等院校形成了同国民经济建设格局相对应的理、工、农、林、医、师、水、煤、电、地专业院校格局，院校内的基本办学管理单位系部和基本办学实施单位"专业"，也都是按照计划管理的国民经济生产建设工作展开的，甚至不乏将外语、数学等基础教学部门拆散，相关教师分派到各个专业系部的范例。此后的政治影响一直推动专业向生产实践领域滑动，直到 20 世纪 90 年代，教育体制改革及其学科建设导向，部分停止或反转了这种发展倾向。但改革开放和经济社会的飞速发展却对应用型人才提出了新的要求，经济社会需要与产业和职业直接相关的实用型人才，催生出高等职业教育新类型。回顾这一发展历程，不难看出，社会主义建设初期和计划经济历史阶段，专业在我国高等教育中始终围绕经济建设和工程技术领域展开，学术性较弱，部分文理科专业甚至受到人为的抑制。因此，高等职业教育在 20 世纪 90 年代中后期起步阶段没来得及有所创新，就承袭了原来高等教育的专业设置模式，在实施过程中并没有遇到多大的困难。在专业目录的分类上尽管采用了按产业类别划分，但明眼人可以看出，在传统的工农业和工程技术领域，有相当程度的相同性或相似性，这也从一个侧面印证了传统高等教育与新兴的高等职业教育在专业设置上的承袭关系。专业是高等教育有时也包括中等专业教育为满足国民经济某个部门人才需要而制订和实施培养计划的一个工作单元，简单地讲，就是一个具体的专门人才培养计划。它由三组性质不同的课程构成，直接对应工作岗位需要的专业课，为了学习专业课而必备的专门科学技术理论知识构成专业基础课，以及政策环境要求和通识性科学理论方面的基础课。计划的顺序刚好反过来，在每组课程实施完成后，还分别设有认识实习（通常包括金工实习）、生产实习和毕业实习。这是一个严谨高效的培养过程，在新中国成立时期的社会主义初级阶段建设时期，为国民经济建设的方方面面提供了适用的工程技术人才，甚至在改革开放这 40 多年里也起到了巨大的支撑作用。顺便说一句，这种专业设置培养不出钱学森期望的学界大师似乎也顺理成章。在高等职业教育起步的 20 世纪 90 年代，这样设置的本科专业已开始向学科建设方向发展，高等学术教育和高等职业教育开始出现分化。

在高等职业教育领域被广泛接受的定义认为，专业是高等学校或职业学校根据某职业岗位对劳动者的素质和技术要求，依据教育基本规律以及终身教育的基本理论而组建的课程群。专业可以根据学科层次、三次产业和国民经济行业分类标准进行分类。

据此，我们可以看出，高等职业教育中专业的概念有以下共识性的特点：

第一，专业是一个院校内具体的教育教学计划，包含了一组内容和顺序相对固定的课程；

第二，课程内容与特定的劳动岗位直接相关，应能满足特定需要的劳动者素质和技术要求，排布顺序体现了教育教学规律；

第三，专业主要具备学科和产业（行业）两大属性。

完整专业计划的实施，不仅能满足当前的工作岗位要求，也兼顾了长远的个人成长和职业发展。可以看出，专业最突出的特点是在两三年的较长周期里，其自身相对固化的范式和所面对需求的不断变化，包括经济社会发展和科学技术带来的变化和学习者本身的个性差异和预期的变化。这必然导致专业发展的困境，能够得到的教学资源以及运营效率和教学质量都缺乏有效的保障，于是，试图有效整合资源产生协同效应的专业群概念出现了。

二、高等职业教育的专业群及其相关性

几乎没有争议，人们约定俗成地认为，专业群是高等职业教育范畴内的特定概念。一般认为，所谓专业群是以一个或多个办学实力强、就业率高的重点建设专业为核心专业，若干个工程对象相同、技术领域相近或专业学科基础相近的相关专业组成的一个集合。

综观其他研究的观点，也有相近的表述。特别是《国家示范校建设方案》中的相关政策，得到的广泛引用和认同，可以视为专业群概念的共识。这种共识表明，专业群是一组某些教学特性相近的相关专业，有一个或不止一个高品质的核心专业。其高

品质主要指办学实力和学生就业两方面的外在表现，市场性的说法就是办学方的供应能力和满足就业市场需求的程度。在这种概念的引导下，专业群的特征被具象描绘为：

第一，专业群内的专业往往是围绕某一行业设置形成的一类专业。各专业具有相同的工程对象和相近的技术领域，反映在教学上就是各专业可以在一个体系中完成实训任务，在实验实训设施、设备上也必然有大量的设备是共用的，有相当一部分实验实训项目是共同的，这对高职学校实训基地建设有着重要的意义。第二，专业群内的专业是学校在长期办学过程中，依托某一学科基础较强的专业逐步发展形成的一类专业，各专业具有相同的学科基础。因此必然有相同的专业理论基础课程，相应地，师资队伍必然有很大一部分是共同的，必然形成师资队伍专业团队，形成专业建设良好的师资队伍条件。

可以这样说，把专业群的核心界定在专业层面上过于宏观，限制了我们对群内专业相关性的具体研讨。从人们对专业群特征和专业群建设作用的认识上看，这种相关性首先是教学特性层面的，如广受重视的实训环节，但这不是唯一的教学环节。全面而言，教学特性体现在一个完整的课程里，包括教学目标、教学内容、教学内容的组织、教学方法、教学条件如教材、信息资源、设施设备、消耗材料等各个方面以及最关键的要素——教师。

为了准确体现专业群的相关性，应该把专业群的核心微观到"课程—教师"构成的复合体，即物化的课和人的集合，表现为能开发和施教某门课程的教师、需要某位知识能力特定的教师来开发施教的课程两方面，但不能把它们分割开。现实也是如此，每位教师都是某门课程的主体，每门课程都需要专门的教师。孤立的课程不能施教，孤立的教师体现不出价值来。"课程—教师"的概念是在原有课程概念的基础上，加入可以施教或开发本课程的教师，可以简称为"课师"。我们可以这样定义，课师是教学目标、教学内容、教学方法、教学条件和教学师资的集合，有物的因素和人的因素。

专业群就是在主要"课师"方面高度共享的一组专业。这组专业外在表现为一定的现实相关性，如经济领域（产业）上、工程技术上、职业岗位上、学科基础上等，并有一定的重点专业。

"课师"共享表现为三个维度：其一，完全一致的课师。其教学目标设定的知识能力结构符合两个或更多相关但不同的专业培养目标。其二，相同的教师要求和相近的课程要素。课程的教学内容和教学目标在程度上有所调整以适应不同的专业培养要求，如有专业纵深的课程调整整合为通识性的概论课程（会计、理财等整合为财务管理），或者反过来把总论性课程解构为具体的操作性课程（市场营销导出广告原理与实务）。其三，相同的教师要求和相关的课程要素。以知识能力结构相同的教师承担目标内容不同的课程，但支撑课程内容的知识能力和技能方法是相通的，也就是说其是同类教师知识能力的另一个表达方面，不需要教师的再移植和再培训，只是原有知识能力的迁移和转化。

在此基础上，我们可以对专业群建设展开微观的解剖。

三、专业群建设的微观剖析

为了研究方便，专业可简约表达为一组课程，不考虑教师因素。专业群是一组以主要课师为接点的相关专业。专业群类似于成组技术（GT-group technology）中的产品（专业）组合。成组技术是揭示和利用事物间的相似性，按照一定的准则分类成组，同组事物能够采用同一方法进行处理，以提高效益的技术。成组技术的关键是分类准则，对专业群而言，采用不同的划分依据，找出群组内专业间的相似性或相关性，将提供有效的专业群建设方向。

已有的文献多集中于产业集群或产业链，从工作岗位对位的角度探讨专业群建设。研究表明，专业培养目标与工作岗位对位是高职教育的前提条件，专业群的划分依据还包括职业、学科等多条线索，如产业（行业）背景、职业岗位划分、学科知识体系、市场创新途径等多个层面和多重特性，实践表明各个线索展开的专业群建设都取得了可观的成效。

在专业群划分依据上使用产业（行业）这个复合概念，是对可提供就业机会的全部经济组织的一个分类视角，既类似于国际通行的产业分类标准，又兼顾了就业机会的劳动性质。大类上依据特性分为生产、建设和服务三大类。在产业（行业）的生产领域，不论是传统的工业农业生产，还是现代装备制造、药品、食品和生物制品、信息产品生产，依据技术领域进行专业群划分得到最普遍的认同，甚至被视为唯一的划分依据。某省食品职业技术学院依托食品产业，涵盖产业链中原辅材料生产、加工、质量控制、贮运与营销以及烹饪等主要环节建设专业及专业群，其"围绕食品产业链，做强优势专业群的特色积淀与实践创新项目"获省级高等教育教学改革成果特等奖。同时，我们注意到这类产业（行业）背景明确的高职院校更多被列为国家级、省级示范性高职院校建设单位。这从一个侧面说明了人们对产业（行业）背景划分依据的高度认同，以及由此产生的较为显著的专业群建设效益。类似的，在建设（建造）领域，依工程对象划分专业群并进行建设也很普遍，工民建筑、市政建设、船舶修造等领域都有范例。服务领域的旅游、酒店、餐饮等也是依据工程对象，但也有技术领域的痕迹，这主要是因为传统上人们不认为顾客服务是一个"纯技术"领域。龙头企业可视为产业背景依据下的分量，依托龙头企业建设专业群，具有鲜明的产业特色，其实质是产业（行业）背景的具体化。

专业群建设的一个重要维度就是围绕标准的职业分类连同不同产业来展开的，如汽车、不动产和工业品等不同产业的营销销售专业组群开发，有些专业如企业管理、会计、人力资源等本身就具有群组性。经典的科学管理体系确立了以分工协作为基础的现代产业模式，人们被按照工作性质为划分依据来招聘、选拔、培养和雇用。职业岗位既是现代经济社会的产物，也是现代职业教育的落脚点。职业岗位同产业（行业）背景产生了高职教育专业群主立面的两个刻画维度，基本能够描绘出所有的办学专业。但与之不协调的是政府教育部门实施的专业目录管理体系只用一个维度，对专业群的建设与发展存在一定的制约性。

学科知识。高等职业教育似乎避讳"学科知识"这个字眼，但我们不能否认知识与能力，特别是现代科技高度发达的经济社会各个领域工作能力与科技知识的密切关联，而且学校里即使是岗位技能的培养也首先要通过知识传授来实现。透视由产业和职业两维构成的专业划分立面，我们总能找到学科知识的线索，甚至一些专业本身就是从学科知识维度衍生出来的，如机械制造、电子信息、经济管理等领域的专业群。这不奇怪，因为过去100年的产业创新模式主要由科技原理和发明到产品（服务）实现，到市场开发和大量生产的一个依靠人类智慧进步推动的过程，所以产业经济所产生的就业岗位需求带有明显的学科知识痕迹。形象点说，就是前面讨论的产业—职业立面不是一个平面或有全部纵向维度的立体，而是一个在不同区域和交叉点上有第三维凹凸的曲面，这个第三维度就是学科知识线索。它既是产业发展模式的客观结果，也是职业教育规律的现实要求。学科知识支撑起高职教育职业的科学内核，也是传递职业技能的有效途径。关键教学设施是学科知识的分量。共享关键教学设施的内在联系可能是产业、职业、学科知识或三者兼而有之，这一点也揭示出专业群建设追求协同效应的物质资源层面。

市场创新。高等职业教育是大众化高等教育的重要组成部分，以培养生产、建设、管理、服务一线的高端能型专门人才为根本任务，在建设人力资源强国和高等教育强国的伟大进程中发挥着不可替代的作用，必须主动适应国家加快经济发展方式转变和产业优化升级的要求，坚持以服务为宗旨、以就业为导向、走产学研结合的发展道路。一句话，即必须以满足经济社会就业市场的需求为核心目标。现行的学院办学体制和管理机制局限了专业的可调性和适应性，单一固化的专业培养模式在满足广泛多样和迅速变化的雇佣需求方面明显力不从心。高等职业教育办学方为了解决这一困局，往往以某个成熟专业，或者说高品质专业为基础核心，瞄准需求中心并辐射其外围相邻的岗位需求，形成一系列拓宽就业面或应对岗位能力变化的专业群组。因为这种市场拉动的专业群建设方向是顺应新兴需求、竞争环境等多方面考虑的结果，发展方向也呈现多样性和复合性，既有前面提到的产业、职业或学科依据的影子，也有现实难以界定但市场认可的因素。根据其表象，以一个重点专业为主，依照其培养能力的各个侧面展开深化发展的格局最为常见，两个不同领域专业复合的案例也有很多，但三个以上专业复合的情况几乎观察不到，这可能受制于基本的教育教学规律和客观需求。值得注意的一个现象是，一些被链接到特定专业群的专业，往往与学校的历史传统、客观条件甚至人文因素有关，虽然不具有明确的普遍规律性，但却呈现出强大的市场竞争力，因此我们把这些因素统称为市场创新链接。这些因素通常是市场需求的某个侧面或未被充分满足的需求，通过更深更广地分析和把握经济社会发展的脉络，就能有效掌控这些利基型市场需求，是卓有成效的专业群建设发展维度。同时，这种市场创新维度对现行划类管理的教育体制和专业目录提出了更大的挑战，教育行政管理部门开设目录外专业设立程序只能是一种暂时的应对之策，长远而言，应该有一套更加灵活的适应市场和竞争的制度安排。

从基本概念出发，我们认识到高等职业教育是专业化程度极高的高等教育，作为高等教育发展中的一个类型，根据我国现阶段经济社会发展水平与工业化进程，把高等职业教育的培养目标和规格定位为专科层次的高端技能型专门人才。高等职业教育在主要不依从科学知识分类体系的前提下，发挥各个专业内在所具有的产业、职业、学科、市场等多重关联线索，形成了专业群建设的现实发展策略。这种策略的显著效益表现我们将另文研讨，但其作为高职教育摆脱现实体制机制束缚的突破口是未被明示的。因此，我们甚至预言，专业群建设具有阶段性的历史使命。随着职业教育和高等教育体制机制的创新和完善，教师专业发展的普遍展开，课师层面的教学运营管理模式的认同和实现，专业固化模式的高等教育将成为历史，更加灵活的模块化培养方案将会成为趋势和可能。

专业群的概念和建设策略在高等职业教育领域尚无法达成共识，这恰恰反映出它的实践价值。我们反复强调，专业群是一个现实策略，即专业群建设一定是高职院校及其内部办学单位面对实际问题和困境做出的决策和战略。可以肯定的一点是专业群建设是一个体制内的管理问题，策略、效率和质量是其优先考虑的决策变量。即使是把专业群视为专业集群的观点也蕴含着对质量和效率的追求。把视角放到更长的时间尺度和更大的范围尺度会发现，在现代产业经济发展的大背景和世界发达国家的职业教育和高等教育体系面前，我们拥有许多思想观念上和体制机制上的束缚。专业群建设在一定程度上扭转了这种束缚的不利影响，使我国的高等职业教育在办学质量和效益上得到提升，具体高职院的核心竞争力得到加强，但并不是根本性的突破。在这个认识基础上，我们期待从专业群建设的基础——课程和教师专业发展出发，在构建学校教学微观基础的同时，寻求、尝试和推进体制和机制的改革与创新，使职业的高等教育体系更加完善，使之成为我国高等教育体系最坚实的基础。

第五节　高等职业教育课程内涵建设

　　高等职业教育课程内涵建设就是要通过校企合作的平台，实现学科课程与实训课程融合、理论教学与实践性教学融合、专业知识与人文素质培养融合，建立基于准职业人培养的新手、起步初学者、内行行动者和熟练专业人才的课程模块，实施以学生自主研究性学习的项目和任务教学模式，建立以评价职业能力以及课程健全程度和质量的课程评价体系，建立具有职业教育特色的课程管理体系，使高等职业教育的课程内涵得到持续改善。

　　高等职业教育作为高等教育的类型之一，其特征应集中体现在教学基本单位——课程开发建设上。职业教育的课程作为一种有目的、有标准的教学或学习活动，应具有不同于普通高等教育的课程设置、教学目标、教学环境、教学内容和评价方法。高等职业教育以培养职业能力为主线，遵循职业人成长的规律，要打破基础课、专业基础课以及专业课的界限，重组并构建高等职业教育课程体系。建立职业能力培养的新手课程模块、起步初学者课程模块、内行行动者课程模块和熟练专业人才课程模块。在以上四个课程模块中，基础理论知识要以应用为目的，专业课程教学重点则是传授生产一线或工作现场所需的实用知识和先进技术，因此，其课程应针对地区、行业经济技术的发展水平和岗位职业群的需要，不断开发新的教学案例，增添新的教学内容，广泛吸收新知识、新技术、新工艺和新方法，使其具有明显的岗位生产、学习训练、产品研发等行业特征。

一、高等职业教育的课程开发

　　普通高等教育的课程开发是解决如何简捷且系统地组织原理和概念等问题，而高等职业教育课程开发是解决工作过程所需要的程序性知识如何构建的问题。因此，高等职业教育的课程开发是寻求与工作过程相同的情境、相似的工作内容和相通的考核评价机制。需注意的是，高等职业教育课程开发并不是摒弃学科性课程，只是其内容组织的载体发生了变化，学科性知识是以专题形式存在于以项目或任务为载体的学习单元中，就是将知识的序化编排契合学生的认知心理顺序和职业工作的行动顺序，实现有生命的"机体"对知识的构建。其最大的难点是实现学科课程与实训课程的相互融合、理论教学与实践性教学的相互融合、专业知识与人文素质培养的相互融合。在高等职业教育课程开发中如果做不到上述三个"融合"，就会导致职业教育课程体系的不完整，出现职业教育课程开发的迷茫和职业教育人才培养质量不高的结局。

高等职业教育的课程开发就是要建立基于新手、起步初学者、内行行动者和熟练专业人才等技能技术型人才成长阶段的课程模块，实现三个"融合"及建立以能力为核心的课程模块教学标准。高等职业教育课程标准建设，以学生行为转变为中心，以技能训练活动为基础，以校企联合施教为主体，以职业素质教育为主线，校企在统一的课程教学标准规范下，对学生开展人文素质、理论知识和工作应用技能教育三方面的能力素质培养。在高等职业教育课程建设中，校企双方要基于专业教学标准中确定的人才培养规格，共同分析学生的学习行为特点、劳动力市场需求和企业工作实际情况，从而确定课程学习行为目标、学习领域、学习任务设计、教学方法确定、考核与评价方案制定、教学条件的保障等内容，使课程教学标准成为规范教师教学、学生学习和质量评定的重要依据。课程标准建设的目的是围绕专业人才培养方案所确定的人才培养规格，对课程进行统一的组织、设计及实施。然而，从现有的关于课程标准的研究来看，更多的是专注于某一门课程的课程标准的制定，而忽略了该课程在整个专业人才培养中的作用。

二、高等职业教育的课程建设

目前，高等职业教育课程开发的难点是缺乏一支具有现代职业教育理念、实践经验丰富、了解课程开发流程的专业教学团队。因此，职业教育课程开发的第一步是进行现有课程的改革及建设。

课程建设要基于课程服务岗位和学生现状的分析，主要是对人力资源市场需求、职业现在与未来需求、学生基本素质与个性发展需求、中职与高职衔接、中职与普教的融通、本专业与相关专业的对比联系等因素的分析，在此基础上对课程教学内容进行设计，对课程考核评价标准进行制定，逐步建立与完善利于学生自主学习的课程资源体系。一是文化基础课的建设。文化基础课是为专业课服务，以够用为度，突出实用性原则。教学内容要主题化，摒弃传统的按章节组织教学的模式，将教学内容按照一个个主题重新进行组织，主题可以是问题、活动、案例、情境和服务，不同的文化基础课可以根据课程的性质选择不同的对象主题。二是专业课的建设。专业课依据某一专业领域某一岗位的知识、技能、情感和经验的要求，根据国家制定的职业分类层次和基本类别，设计出多个任选的课程活动模块，由学生在教师的指导下根据自己的职业发展定位确定自己的课程学习模块内容，拓展学生的专业发展方向。其建设的核心是提升技能培养，努力创造条件，使学生在各种教学实习过程中轮换操作，熟悉基本的生产工艺过程，懂得各个实践环节的协调与衔接。因此，专业课建设的内容是：建立基于企业真实工作，从简单到复杂，从单一技能到综合技能，循环往复逐级提高的"项目化"或"任务型"的学习活动模块,并建立服务于学生自主学习与训练所需的课程资源。课程资源包括行业标准库、行业生产规程库、产品标准库、生产流程的媒体库、案例库和理论知识专题库等。

三、高等职业教育的课程实施

高等职业教育的课程实施,就是要建立基于培养学生情感、技能和知识的新型教学模式,实现学生职业情感固化为学生职业行为的课程学习目标,把静态的理论知识转化为解决实际工作问题的动态化的技术实践知识。现行的职业教育教学仍采用"先教后学再做"的模式,即教师先灌输理论知识,学生在学习之后再进行实践操作。这种模式导致学生在学习理论知识时,不知道为什么要学、学习这些知识用在什么地方等。按照这种传统的教学模式,学生会认为教师是在讲一些没用的东西、讲一些没趣的东西,从而对课程学习失去兴趣,造成教学资源的极大浪费。要改变这种状况和实现职业教育课程教学目标,在教学过程中,应首先让学生学会动手做,再让学生自主学习并深切体会。由于在教学过程中,学生先进行"项目"或"任务"性实践,再带着实践中出现的问题学习理论知识和技术实践知识,因此学生学习的积极性大大提高。而且对职业教育来说,技术实践知识对学生成为一个准职业人尤为重要,因此,高等职业教育课程实施就要更加强调技术实践知识的学习与感悟。技术实践知识包括技术规则知识、技术情境知识和判断知识。其中,技术规则知识是行业按照一定行动目的采取特种手段的行业技术行为规范性的知识,它包括技术的程序、方法和要求及个人实践经验等;技术情境知识是技术实践活动的一种实践背景知识,是关于技术实践活动对象、所使用的工具等职业活动情境中的要素,以及这些要素之间关系的知识,是维护良好职业协作和建立团队所必备的。

总之,高等职业教育的课程实施一定是基于"校企合作、工学结合"这个平台,以职业实践活动为载体,以学生自主学习训练为手段,培养学生的职业情感、职业技能和职业知识。

四、高等职业教育的课程评价

高等职业教育课程要保障其在不断的改革与创新发展中,逐步建立具有高等职业教育类型特色的课程体系,使课程质量得到持续提高的发展前景,就必须明确服务于专业人才培养目标和课程教学目标的课程评价体系。

各课程开发、建设及教学团队要基于课程的教学实践,研发出一套具有本课程特点的课程质量评价核心指标和标准,用于评价职业技术教育所培养的技术人才的职业能力以及职业技术教育课程的健全程度和质量。职业教育的课程评价应该由三部分组成：

一是具体评价。其指标为：（1）课程教学活动设计与职业岗位的一致性。课程教学活动设计是否准确地反映了职业岗位实践？是否反映了最新职业岗位实践？是否反映了预期职业岗位实践？是否反映了最基本的行业观念？（2）课程知识学习与应用的一致性。课程活动设计是否要求学生运用所学知识？课程活动设计是否要求学生具体完成一项真实的实践任务？（3）课程技术训练与技术实际应用的一致性。课程的活动指导是否要求学生应用所学技术？是否需要说明使用某种技术或工具的原因？是否要求学生安装或检修某种设备？是否要求学生使用安全程序？（4）课程思维训练与实践工作的一致性。课程活动设计是否要求学生以新方式应用严密的数学逻辑？是否要求学生解决一些必须理解相关科学概念才能解决的问题？是否要求学生进行批判性思维？是否要求学生将技术观念应用于实际工作等？（5）课程标准与岗位业务质量标准的一致性。课程评价方案是否提供了多种行业业务范例？是否对优劣业务成绩进行对照？是否对具体质量标准和规范进行讨论？

二是整体评价。（1）行业标准及实践。课程活动设计应清楚地反映学习目标是建立在现行职业技术水平及实践之上的。（2）课程内容应源于现行职业实际。课程活动设计应致力于帮助学生了解未来工作岗位实际，所传授内容应与岗位需求相联系。课程训练项目应取材于实际职业岗位的真实活动。（3）职业综合能力评价。课程活动设计有利于培养学生高端职业场所所需的高级职业技能，如语言表达能力、数学逻辑能力、技术应用能力、对社会组织和技术系统的理解能力、思考推断能力、资源利用能力及良好的个人素质。（4）对课程内容理解程度的评价。例如，学生对教学方法和所传授的内容是否感兴趣，是否允许学生按照自己喜爱的方式学习，是否要求学生对信息进行筛选、综合、评估，通过分析、探索内容之间的联系和关系，加深对课程内容的理解。

三是总体评价。主要测试课程活动设计帮助学生掌握未来职业岗位所需要的情感、知识与技能的效果。

五、高等职业教育的课程管理

从高等职业教育课程的管理角度看，学校层面更多的是关注专业（群）的建设，把专业建设作为带动学校内涵发展的龙头，学院（系部）更多的是关注课程建设。但课程建设离不开学校的政策和环境支持，如资金资助政策、网络软硬件环境、信息技术水平、师资队伍能力和课程运行平台的管理等。为了保障职业教育课程开发建设的规范和高质量，高职院校必须制定三个基本的课程管理制度：一是学校层面的课程设置规范管理制度。制度内涵包括课程设置原则、课程名称要求、课程基本信息、课程所属类别（专业群平台、专业主干、专业拓展）、与其他课程之间的关系、归口单位、课程维护等。二是学院（系部）层面的课程建设制度。制度内涵包括课程开发、课程实施、课程评价、课程管理等环节，以及课程的宏观、中观、微观三个层面。宏观课程指专业的全部课程，其表现形式为培养方案；中观课程指一个专业中内容相关的一组课程；微观课程指教师讲授或指导的一个实践教学单元。三是职业院校间的课程认证制度。制度内涵基于中高职衔接的核心课程认证制度，对职业院校独立培养阶段核心课程的学分认定，即在中职阶段核心课程达到了一定的学分绩点，在高职阶段就认可该学分并实行免修。

形成规范、注重质量的课程制度体系，是注重质量建设的职业院校制度文化建设的一部分。所以，良好制度形态的课程文化的形成，可以促成良好的教风和学风。目前，高职院校课程教学制度的制定基本上是由学校单方面完成的，造成了学生不太了解教师的课程行为规范。另外，学生的课程学习制度由任课教师和企业指导教师制定，这使得学生无法获得价值上的认同感。因此，课程制度文化的建构本质上是一种企业参与，是学校、教师和学生通过相互协商，共同进行理解与建构的一个过程，也是课程管理文化教学实践的过程。只有通过不断的实践和改进，课程制度体系的"实践能力"才能得到真正的提升。

高等职业教育课程的内涵建设必须要有合作企业的参与，依照企业的实际，共同进行课程开发。在开发及课程教学实践中，逐步融入企业文化、企业价值、职业标准和岗位行为规范。在多轮的职业教育课程开发实践中，逐步实现"三融"的课程建设目标。职业教育课程的内涵建设，就是要按合作企业的技术岗位和生产工艺、流程要求及先后次序进行排列组合，重新组织融人文素质学习、专业理论和实践知识学习于一体的课程教学活动体系，打造具有合作企业特色的职业教育课程教学方案。职业教育课程的内涵建设，就是要开发以典型的职业活动为核心，教学内容以职业岗位需要的知识、技能和情感为主体，教学方式强调任务驱动和项目导向，教学环境强调真实的职业岗位环境的现代职业教育课程标准，使高等职业教育真正成为一种全新类型的高等教育。

第六节 高等职业教育专业评估的价值

职业教育专业评估是解决当前社会发展中岗位需求与人才培养矛盾的重要举措。当前，高等职业教育评估中存在"行政化"式政府主导评估倾向严重、"程式化"式评估运作模式固化与僵化、"断续化"式评估体系百病丛生等问题。专业评估主要可表征为标准化、系统化、效益化、社会化等四方面特点。科学有效的专业评估应实现与产业效益的对接、与督导监测的有效结合、评估方式的多样化，为此，在高等职业教育专业评估中应坚持吸收借鉴与综合实践相结合、制度改革与大胆创新相适应，构建"四位一体"的专业评估体系。

职业教育评价是我国构建现代职业教育体系的重要组成部分，是评价主体对职业院校进行有效评价以及确保学校专业自身健康可持续发展的重要保障。作为对高职专业建设监控的必要手段，职业教育评价分为内部质量评价和外部质量评价两部分。其中，内部评价是指职业院校自身的内部教育质量管理体系与评价制度，外部评价则是指职业教育关联方参与职业院校教育质量的评价与监控。而高职专业评估是高等职业教育外部评价的核心机制，是针对高职院校的某一特定专业，就其专业办学条件和人才培养质量进行评价，评价该专业是否具备举办某一等级及以下等级的职业教育的办学水平，是否满足相应等级的高职教育标准的质量要求，是解决职业院校专业建设与当前社会需求的适应性矛盾这一社会性难题的有力解决措施，同时也是建立我国职业教育质量认证制度的又一创新举措。

一、高等职业教育专业评估的现存问题解析

近年来，我国高等职业教育发展迅速，学校数量增多，在校生人数也不断上升，出现了职业教育发展的大浪潮。高等职业院校作为教育发展中的一环，其目标是培养面向生产、建设、服务和管理第一线需要的高素质技能型专门人才，为此，国家及各省高职院校都对人才培养的评估工作极其重视，评估的实践在很大程度上使得高职院校的面貌发生了翻天覆地的变化，人才培养工作质量也在不断上升。但在具体的院校发展中，其专业的设置与当前及未来的社会发展出现了不协调的局面，如"政府主导型"高职院校评估带来的"行政化"倾向；高职教育评估价值取向的异化和偏差；评估模式的固化单一；高职院校"内生评估动力"缺失，导致各种功利化行为和评估"失范"行为，等等。以上这些都对高职教育专业评估提出了新的要求。具体来讲，当前高职院校在专业评估方面主要存在如下几个问题。

（一）"行政化"式政府主导评估倾向严重

尽管高职院校评估专家杨应裕教授在对 2008 年修订后的《高等职业院校人才培养评估方案》解读时指出："主要的评估主体应该是校内有三个，校外有三个。校内有学生、教师和学校（领导）；校外有用人单位、家长和社会。专家组也算是评估主体之一，但不是主要的评估主体。"[①] 可是在实际的评估中，政府及其教育行政部门的评估依然占据主导地位，由政府所主导的评估主体中少有专家的身影，而学生、教师、

---

① 黄幼菲.高职院校图书馆评估指标和数据采集平台的缺失：基于对 2008 年《高等职业院校人才培养工作评估方案》的理性思考［J］.图书馆建设，2010（6）：101-105.

家长及社会等对于评估意见的诉诸渠道更是极为有限。诚然，高等职业教育的评估是集多元评估主体为一体、多元利益诉求共同作用下的"以评促管""以评促改"和"以评促建"的过程，但是单一"行政化"评估主导下的高职评估很难符合高职专业建设的合需要性、合目的性和合发展性需要，也无法适应社会发展对于高技能复合型人才的多样化需求。

（二）"程式化"式评估运作模式固化与僵化

由现有的教育部、各省市的评估实践可以看出，多数专业评估按照"学校自评—提交材料—确定专家组成员—现场考察—确定结论"这一程序化模式进行。而在这种技术理性占评估理性的主导取向下，高职院校的专业评估也在思维定式导向下走了程式化的评估技术路线。而这一程式化评估模式导向下的高职专业评估也外在性地表征为：为应付外在合标准性的专业评估，部分高职院校常常处于"资料准备"甚至"制造资料"的专业发展与专业"备评"的发展迷途中，而待到材料按照评估标准准备完备后，这些高职院校便进入对专家的"候陪"状态，继而进行对专家的全程接待和实地考察陪护，从而外在性地表征为对专家评估的过程性应对。由此，这种故步自封式的僵化评估模式所导出的评估结果只会不尽如人意并造成整个社会资源的浪费，并不能有效适应社会对高等职业教育内涵与多元发展的需要。

（三）"断续化"式评估体系百病丛生

高职院校专业设置和发展水平情况主要通过专业评估的方式衡量，而科学有效的专业评估体系作为国家对高职院校进行质量监控和管理的重要手段，为评估主体指导和监督职业院校提高教育质量、改进教育服务提供了科学的评估指标体系。因此，简明、具体、可衡量的专业评估体系的建设和完善成为高职院校专业评估进行的前提性基础。从目前的专业评估体系来看，在高职院校专业评估中，评估主体相对单一，缺乏社会、家长及学生的参与；评估对象局限于部分实用专业，缺少对未来专业发展的预期；评估方法定性较多，定量评估不够，评估标准不一且科学性不足；评估过程形式化比较严重，注重院校整体的评估，缺乏对院校专业的评估；评估结果的社会认可度不高。这些现象都反映出高职院校评估体系的不完善，因而需要建构能充分体现专业发展、社会需要、人才成长的规范化、制度化和科学化的现代职业教育评价体系。

二、高等职业教育专业评估特点的"四化"表征

高等职业教育的专业评估是一个不断变化和发展的系统，职业院校为了实现与专业设置标准之间的对接，必然会通过变革并采取各种专业治理措施实现与专业标准之间的对接，因而从其本身的价值功能来看，专业评估对推进职业院校专业动态式发展

发挥着重要的导向作用。总体看来，高职教育专业评估内在地表征为标准化、社会化、效益化、系统化等"四化"特征。

（一）评估体系的标准化

高职教育专业评估在具体的操作实践中，必须围绕不同地区、不同情况建立一个具有共性特征的统一评价标准，并使之落到实处，体现评估本身的标准化特征。专业评估的标准化主要体现在：评估主体的多重性，不仅涉及政府部门、高职院校和专家教授，而且要兼顾社会、家长、学生对专业的诉求；参考指标的定量评价，对某一专业的评估，要制定精确化的评估标准，并按照一定的等级进行评定；评估程序的标准化，在进行专业评估时，要按照规定的程序，使评估有章可循；评估结果公开、公正，减少人为的干预，使评估结果反映真实情况，以加强学校对专业建设的改进工作，增强公众对评估结果的认可度，强化社会大众对高职院校的监督。

（二）评估导向的社会化

实现专业发展与社会需求的对接是高职院校专业发展的最终趋向，因而推进对高职院校的专业评估也外在地表征为一种社会化的评估导向。高职院校专业评估社会化的特征和发展趋势，决定了在评估中须加强社会大众的参与，并助推专业发展与当前经济发展相适应。评估的社会化导向主要体现在以下两方面：第一，专业评估在评估的内容指标上要增加行业、企业、社会群众、毕业生等的意见，细化评估指标，评估内容囊括各方意见，力争真正做到评估决策广泛集中民智，评估过程集聚民力，评估结果深得民心。第二，在对职业院校的专业进行评估时，考虑专业发展与当前经济发展状况的相适应性至关重要，即社会化的专业评估要求职业院校专业的设置符合社会对人才的需求结构状况，符合岗位设置对人员能力的要求，符合未来社会发展趋势对人才的需求。

（三）评估价值的效益化

随着社会主义市场经济的发展，就业机制不断完善，人才市场不断细化和专业化，企业的效益化趋势也日益明显，这自然引发在校企合作等活动中要对职业院校专业发展是否具有效益化进行严格的考核，由此使得专业评估被赋予了价值效益化的外在表征。而这种评估价值效益化的外在特质，决定了职业院校的专业也需要随产业发展的动态性和企业要求的效益化进行调整并由此成为决定高职院校是否能实现科学内涵发展、提升学生就业质量的关键要素。在经济效益和社会效益理念下，施行的高职院校专业评估，应更关注所设置专业给予社会和企业的效益。因此，对于高职院校来说，要建立健全市场调节机制、不同级政府的分工调节机制、非政府性的调节机制以及职业院校内部调节机制，通过学校内部或聘请第三方等多种方式，定期开展专业评估，及时掌握人才培养质量和企业需求的状况，为及时调整专业提供依据。

（四）评估范畴的系统化

高职院校专业评估是一个系统化的工程，涉及评估目的、评估内容、评估程序、评估主体、评估结果等方面，尤其在评估方法上需要进行深入思考。诊断性评价、形成性评价和总结性评价是当前普遍采用的三种典型的评价方法，它们各有特点。根据我国高等职业教育的发展状况，诊断性评价是当前最为适当的一种评价方式，并将发展成为职业教育评价的主流。在优化专业评估方法的基础上，需要对评估体系进行全面系统的建设和监督，建立一个从评估主体到评估结果的系统化评价体系，并对整个评估过程和结果进行由高校内部与校外政府、企业、社会专家等部门人员组成的内外结合的有效评估。

三、职业教育专业评估体系建设的应然趋向

（一）专业评估与产业效益对接

随着市场经济的不断深入发展和就业环境的改变，企业对专业技术型人才的需要与高职院校人才培养的不对称矛盾越来越明显，为此，国家出台了关于职业教育的相关法律法规以促进职业教育的发展。高职院校在专业设置上应该顺应此发展趋势，对所设专业进行专业评估以对接产业效益的需求。在对高职院校进行专业评估时，应该在评估目的方面进行细致深入的思考并且构想其实际的可行性，将评估目标定位在专业型人才的培养上，在具体的评估过程中，考察目标的达成度以及社会企业的满意度，促使专业评估真正与产业效益相结合，从而为社会主义现代化建设培养可用之才，以促进行业和高职院校的共同发展。

（二）专业评估与督导监测有效结合

专业质量的保障是高等教育质量提升的基础。高职院校专业发展的成果需要专业机构的督导和认证方能得到肯定，专业评估在这一过程中发挥着引导专业的发展趋势的作用。纵观世界上高等教育发达国家的专业质量保障模式可以看出，外部行业协会介入的专业认证和同行学术评价的专业保障相结合模式对高等教育专业质量保障起到了重大作用。我国的专业评估体制存在的问题众多，需要系统内外多个机构，如上级部门、兄弟学校、专家团队等的共同督导和监测才有可能得到及时解决，同时还可以借鉴英国、德国等国的经验及我国相关专业认证实践成功的范例，制定专业认证与同行学术评价相结合双轨并存的专业评估制度，使高职院校的专业评估与各个机构的评价督导有效结合，从而构建一个富有实效性的专业评估体系。

（三）专业评估方式的多样化组合

我国高职院校专业评估大多采用评估团队的听、查、看、访等方式进行，在评估方法上较为单一。鉴于此，在专业评估中应该做到以下几点：一是形成性评价、诊断性评价、总结性评价相结合。在评价过程中，既要重视结果的评价，又要重视评价过程的反馈，做到两者有机结合。二是定性评价与定量评价相结合。在对高职院校的专业进行评估时，不能仅仅考虑指标的达成度，还需要考虑在专业建设过程中的实际困难，针对问题提出有效的解决方案，给予被评估对象一定的整改时间，这样才能真正做到评估为校、评估为民，以达到评估的实际效果。三是共性与个性相结合。高职院校要外树形象，内抓管理，加强软、硬件建设，注重内涵式发展，致力提升办学质量，以实力求生存，以市场为导向，结合当地实际和自身特点，办出学校特色，建设好品牌特色专业。如长沙市教育局建立推动职业教育教学质量建设的机制，出台了许多质量监控保障政策和措施，取得了良好效果。高职院校专业评估需要多种方式结合，才能全方位地进行专业评估并将评估落到实处。

四、高职教育专业评估体系构建的路径探寻

高职院校专业评估体系的构建是学校专业发展的一个重要支撑，完善专业评估体系对于涉及高职评估的利益相关方都具有积极意义。鉴于此，本节在借鉴以往有关专业评估体系构建的基础上，结合我国的实际情况，提出专业评估体系构建的"四位一体"，从而为高职院校专业评估体系的发展和健全提供参考。

（一）以专业评估指标体系的构建为核心

在高职院校专业评估中，有关评估的指标体系和量化权重是最为核心的部分，是评估主体对评估对象进行评估的主要依据。构建一个有效且实用的指标体系的重要性显而易见。部分研究广泛征求相关专业人士的意见，设计出高等职业院校专业评估指标体系，其中涉及4个一级指标和15个二级指标及若干个主要观测点，划分专业评估标准，并运用AHP法确定出评估指标体系中各指标的权重；同时，分析了这些指标的权重，得出对专业评估影响最大的因素是"专业定位"，其次是"专业办学条件"。因而，在高职院校专业评估中，需要以构建专业评估指标体系为核心。

（二）完善专业评估的监督和预警机制

合理、高效的高职院校专业评估需要完善的监督和预警机制，以保证评估朝着正确的方向进行。建立完善的专业评级监督和预警机制，需要做好顶层设计，建立以政府为主导，行业、企业参与的专业设置预警专门机构；提升高职教育专业设置的信息化水平，增强专业设置的科学性；健全高职教育专业设置的督导评估，提升专业培养

质量。除此之外，还需要拓宽监督预警的渠道，通过网络问答、信件电话服务等多种方式积极听取专家、同行、社会人士、学生等的意见，促使专业评估主体及时发现问题和进行改进工作，将评估目的真正落到实处。

（三）建立健全相关法律和制度，保障评估顺利进行

建立健全专业评估的相关法律和制度，是保障高职院校专业评估顺利进行的制度保证。我国关于专业评估在运行中的偏差和操作的失误等问题并没有具体的法律和制度说明或制约。正因为如此，在对高职院校的专业评估中，一旦对所出现的问题进行更正或惩处时，就变得无法可依，导致相关制度可以进行一定的约束。无论是评估的专家团队等评估主体，还是同行人士、普通公民等监督主体，或是高职院校自身等都对自己的责任与义务不够清晰，对评估的程序也不够明确。因此，有关部门建立健全相关的法律和制度，并将评估程序公之于众，将各自的责任与义务划分清晰，这样有利于保证评估主体和客体的有序参与，保障专业评估的顺利进行。

（四）特色评估，助推院校品牌专业建设

鉴于我国地域广阔、民族众多等具体情况，在对高职院校进行专业评估时，应该突出对各地的教育特色和专业特色进行特色评估，并以此为基础推动各地学校的品牌专业建设。品牌专业是职业教育品牌的重要组成部分和载体，品牌专业的形成标志主要从专业设置、人才培养方案设计、师资队伍建设、实习实训场所、人才培养质量、社会影响等方面来体现。在高职教育专业评估指标体系的构建中，应该从人才培养方案、教学管理改革、专业教师团队、专业教学条件、人才培养质量、社会服务能力等方面着手，发挥地方资源优势，打造地方特色品牌专业，从而促进地区经济社会的发展。

随着我国经济的不断深入发展，对于高等职业教育的要求也越来越高，这也更突显出高等职业教育专业评估的重要性。在专业评估体系构建中应坚持"四位一体"，重视内外相结合的评价与监督方法，完善高等职业教育的专业评估方式，以评估促发展。

第七节　高等职业教育与社会需求专业体系建设

随着社会的不断发展和进步，我国目前对各类专业技能型人才的需求量剧增，从某个角度来说，这类人才的需求直接拷问着我国高职教育专业体系建设的情况。基于这个考虑，本节就我国高职教育专业设置情况进行了论述，旨在探究我国高职教育将如何进行合理的专业设置来满足社会对技能型人才的需求，进而为我国高职教育的专

业体系建设提供参考性的意见。

一、职教的嗟叹：我国高职教育的现状值得反思

随着高校的不断扩招，近年来我国大学生就业问题面临着更加严峻的形势，特别是高职院校的专科毕业生在就业问题着上面临更大的挑战。2022年，全国共有高等学校3013所。其中，普通本科学校1239所（含独立学院164所）；本科层次职业学校32所；高职（专科）学校1489所；成人高等学校253所。职业本科招生7.63万人，比上年增长84.39%。高职（专科）招生538.98万人，另有五年制高职转入专科招生54.29万人。从这些数据可以看出，2023年的就业市场已经开始具有较大压力，且在今后很长一段时期内，专科毕业生的就业困难问题依旧存在。值得一提的是，如此巨大的毕业生源规模，却仍旧无法填补我国对专业技能型人才的需求这一空缺，综其缘由，笔者在此归纳三点：

（一）缺乏对高职教育的正确理解

高等职业教育的自身特点决定了必须走产学相结合的道路，但是在实际的应用中没有被真正贯彻下去。其根源不仅有学校自己的原因，也有社会观念、对高职教育认识有失偏颇的原因，其表现如下：

其一，虽然一部分高职院校拥有较长的办学历史以及较为丰富的办学经验，而且在部分专业上实现了校企联合办学，但是总体上仍然受到社会的忽视，认为高职院校是低于高等院校的一种办学，因此受到传统社会思想的影响，高职院校的目标变成了升级本科院校，这就造成高职院校的办学远离了其办学的宗旨和目标，故而很难形成自己的办学特色。

其二，大多数企业并没有认识到高职院校的重要性，没有意识到企业职工的技能给企业的发展所带来的利益。因此，在和高职院校的合作中表现出不高的积极性，在企业的实习岗位等设置上也缺乏经验和不足，远远滞后于高职院校发展的需求。

（二）办学设施及教学经费严重不足

从教育培养的目标来说，高职院校是为社会培养技术性人才服务的，对于实验室的建设及条件以及对于技术的培训和实际训练有着相当高的要求，其办学投入应该相对较高，甚至有可能高于高等院校。但是现在因为目前的高职院校较多地为地方财政负担，并没有纳入国家的教育经费计划，所以导致目前的高职教育经费来源现状存在渠道单一和经费不足的问题，只能通过不断扩大生源收取学费来应付学校日常的运转，因此且不说实验室和实训条件，院校本身发展下去都是一个严峻的考验。因此，经费的不足严重制约了高职院校的发展，成为高职院校发展的瓶颈之一。

二、职教的窘境：构筑我国高等职业教育专业体系已迫在眉睫

我国著名民主人士黄炎培先生曾对欧美和日本的职业教育进行过深入的考察，回国后即提出要在中国推行这些国家的职业教育，以推动中国实业的发展，中华职业教育社就是在这个背景下成立的。可是中国在过去的百年中，我们的应用型职业教育并未得到有效发展，特别是在新中国成立后的大学教育中，虽有大学科学教育，但是却缺乏职业教育，这对中国经济的发展是致命伤。

基于这个前提，如下我们所提出的探索适应社会需求的高职教育的培养模式应成为题中之义。简言之，在我国构建高等职业教育专业体系有着非同寻常的意义。

其一，探索职业教育的专业体系建设，对推动我国职业教育的整体发展和能适应市场经济发展的需求都有着重要的意义，从某种程度上来说，它更能在专业技术人才方面有助于增强我国在世界竞争中的综合实力。

其二，目前我国的教育不是非常完善，存在高等教育独树一帜的情况，高职教育仅仅是高等教育的一个补充，或者是高等教育的下一层次的教育类型。所以，应探索我国高职教育专业体系建设，为中国教育体制改革进行有益的尝试，形成普通高等教育和高职教育互补的形式，使之能为我国提供各级各类的社会发展所需的人才。

其三，近十几年来，虽然在我国，高技术、高技能的人才地位有很大提高，但是还是有很多不足之处，所以探索我国高职教育的专业体系设置，不仅能够完善我国职教专业设置体系，更有利于为社会解决专业技能型人才的缺口，完善社会就业结构打下良好的基础。

三、职教的出路：构筑高等职业教育专业体系的四大准则

（一）找起点：给高职教育一个准确的定位

如前所述，我国高职院校的发展虽已是繁盛局面，但因其发展的模式和专业体系的设置乃至教育教学的方式和本科段统招院校大同小异，没有其高等职业教育本身所具有的特质。这种盲目性的发展和复制式的办校和教育模式所带来的危害，不仅扭曲了我国高职教育的发展目标，而且对学生乃至其未来的就业都造成了巨大的伤害。基于这种认识，我们首先要找准高职教育立身的基点，给高职教育一个准确的专业体系建设定位。

1. 求真

在目前竞争多样化的今天，市场经济提供了多种获得成功的道路，正所谓条条道路通罗马。在一个"一切向钱看"的年代，自主创业成了人们实现财富梦想的又一项

选择。大学生极富青春活力，有理想，追求梦想，具有强烈的成功意识，是我国创建创新型国家的生力军。高职院校的毕业生在经过学校的职业知识和技能培训后，走入社会，自主创业，因此我国高职院校的专业设置应适应这种社会发展的需求进行改革和完善，为高职院校学生提供相应的专业设置，为他们的创业打好前期的理论和实践基础。

2. 务实

高职毕业生由于客观因素的影响，在学历层次上有待提高，在职业技能上还有待锻炼和加强，最有效的解决方法就是进一步的深造。但是应该避免目前的注重学位的培养模式，寻求学历和技能提高与企业相结合的道路。学习国家在企业设置博士后流动站的做法，将高职院校的学历提高和技能水平的提高融合到企业中来。利用企业具备实践条件和实际操作设备的优势，将学历的提高放在企业中进行，将高职院校学位授予资格和企业技能训练条件有机结合，培养适应企业和市场需求的复合型高职人才，并根据企业的需求来设置一些针对性的专业，以满足企业专门人才的需求。

（二）察风向：市场化运作的关键是要了解市场需要什么

在劳动力资源日益商品化的今天，高职院校的办学应该适应社会不断变化的需求，以市场为导向，培养适应市场需求的人才，这不仅是高职院校发展的有效途径，也是尝试高职教育专业机制创新的有益尝试，具体而言，可从如下几方面进行：

1. 有目的地制定培养目标

基于市场经济需求，适应经济发展规律，找出具有就业潜力的行业及岗位，如生产制造业、第三产业，这些行业需要大量的人才，目前出现供不应求的态势，这是市场经济发展规律的体现。高职院校在其专业设置上，应从实际出发，及时适应这种教学培养模式，针对社会所需人才缺口进行专业课程设置，加强学生的社会实战经验，进而让他们更好地掌握专业技能，满足社会对人才的需求。

2. 有针对性地设定教学模式

高职院校的特点使得培养出的人才需要适应市场发展的要求，高职院校应该立足市场需求，研究制定适应市场需要的专业和岗位，积极展开企业需求的人才调查，掌握最新的企业所需求的知识、技能，来确定所要开设的课程，在此基础上结合学校教师资源现状，对教师的教学模式、内容进行设定，上述这些内容都应该以市场为指挥棒，使得培养出来的学生能够适应市场发展需要，实现与市场的对接。

3. 有实操性地进行专业设置

企业所应用的最新的科学技术设备、技术、产品等不断要求高校的人才培养适应其发展步伐。所以，高职教育只有适应企业需要，适应市场需求，满足区域经济发展要求，才能办出具有自己鲜明特色的学校，这就要求高职院校在专业设置上做到以下几点：一是在适应市场需求的基础上，对企业、劳动力市场进行调查分析，开展符合其发展需求的专业课程，突破传统课程设置的局限；二是要与教育主管单位、行业组织共同探讨和制定适合社会需要的专业课程和岗位培训，做好专业设置的长远性研究，确定未来的专业需要和层次水平需要；三是要结合目前所具有的教学资源、教学条件等，将新旧专业有机结合，合理继承，灵活应变，创精品教程，培养长期专业，发展短期专业。

（三）寻出路：探索校企联合办学的专业建设新模式，进行订单式培养

现在的企业，一般需要的都是招聘了无须培训或只需要简单培训的人才。高职院校毕业生和企业需求之间的矛盾造成了毕业生难就业、企业缺乏人才的尴尬局面。现在很多企业和高职院校都在努力试图打破这一局面。笔者认为，可以建立一种校企联合的模式，这样，高职院校的学生既可以在课堂上学得应有的理论知识，又可以在企业中实习获得实践经验。在这样的模式下，学生既能够利用企业提供的实习场地、设备或者研究机构来不断巩固自己在课堂上所学的知识，又能够通过自己的工作实践做到半工半读，他们又何乐而不为？企业的最大收获就是获得了自己所需要的定向培养的人才。

若想实现这种校企联合并不是一件简单的事，它需要高职院校与参与其中的企业之间的共同努力；校企联合也不是一朝一夕的事，不是短期的行为，因为随着时代的发展、产业的不断升级，企业对高技能技术人员会提出更高的要求，所以，高职院校在教学的过程中，所教授的内容要与时俱进，要让学生掌握新技术和新技能，这样高职院校毕业生才能更快更好地找到理想的工作。高职院校学生上课所用的训练基地可能耗资巨大，而且要不断与时代接轨也绝非易事，校企联合正是解决了这一难题。为实现校企联合的稳定性，还要建立一定的常态机制加以保证。

总之，高职院校毕业生实践经验的匮乏是普遍现状，实现校企联合是实现高职院校学生既有扎实的理论基础又有丰富的实践经验的有力保障。同时，为更好地实现校企联合，必须建立良好的常态机制加以监督。

（四）新尝试：在高职院校推行评师机制，尝试建立学位制

在高职院校中，可尝试将普通统招院校的评师机制引入进来，一方面，可激发高职院校老师授课的积极性，鼓励高职院校老师对专业的深入探讨。另一方面，在高职院校进行择优劣汰评师机制，更能够优化高职院校的师资队伍，进而为高职教育专业化体系的建设创造良好的师资条件。

第五章 高等职业教育的实践应用研究

第一节 产教融合背景下的高等职业教育应用

目前，高等职业教育事业改革持续推进，大大提高了高级技能型人才培养质量，为经济社会发展输送了大量高级职业人才。在产教融合背景下，如何有效开展应用型课程建设，进一步优化高等职业教育效果，成为业内广泛关注的焦点问题之一。基于此，本节首先介绍了高等职业教育应用型课程的相关内容及目标确立问题，在探讨高等职业教育应用型课程建设具体内容的同时，结合相关实践经验，分别从深化产教融合、教学主体团队化以及提高教学场所灵活性与机动性等多个角度，提出了产教融合背景下高等职业教育应用型课程建设的有效策略，希望对高等职业教育工作实践有所帮助。

随着经济的持续快速发展，社会各行业对高级技能型人才的需求日益旺盛，人才缺口不断扩大，对高等职业教育事业提出了更严格的要求。在产教融合背景下，全面实施应用型课程建设，对提高高级技能型人才培养质量、促进高等职业教育发展进程都具有极为深刻的现实意义。

一、高等职业教育应用型课程概述

长期以来，国家有关部门大力支持与鼓励职业教育发展，相继出台加快发展高等职业教育的相关决定、方案及实施意见，并明确提出实施产教融合，严格界定了产教融合发展中校企合作的内容，明确了校企双方的权利和义务，为优化高等职业教育事业未来发展提供了基本遵循和依据。开展应用型课程建设，是实施产教融合的题中之义，是深化产教融合的内在要求与关键途径，是提高技能型人才培养质量、优化高等职业教育办学机制、彰显自我特色的重要途径。高等职业教育先天性的特征决定了应用型课程的关键地位。职业教育发展史充分表明，职业教育课程体系应以职业需求为目标导向，综合考量学生未来职业生涯等要素，由专业能力强、教学经验丰富的专家进行经验传授，提高学生的问题发现能力、分析能力、处理能力。

二、高等职业教育应用型课程目标的确立

（一）国家职业标准是前提

应用型课程要源于企业，并服务于企业，只有这样，才会具有生生不息的生命力与活力，因此高等职业教育应用型课程建设目标的确立应以国家职业标准为前提。国家职业标准的内容较多，基本要求比较全面，如职业名称、职业技能、职业能力等，对不同职业的具体要求、知识能力、工作范围等做出了明确规定。应用型课程的建设要与国家职业标准相吻合，确保应用型课程建设的方向性。

（二）专业教学标准是基础

高等教育职业应用型课程建设目标的确立，离不开专业教学标准。在高等职业教育行业内，国家相关部门早期制定了详细的专业教学标准体系，并根据经济的发展情况，对高等职业教育专业进行了进一步细化分解。在现行的专业教学标准体系下，不同的专业有不同的入学要求、修业年限、培养目标、课程计划等，这些具体标准构成了应用型课程建设的重要参考与依据，对提高高级技能型人才培养质量、促进高等职业教育发展具有重要意义。

（三）课程标准是关键

课程标准是开展应用型课程建设的重要构成要素，也是实施教学评价、分析教学效果的关键依据。在高等职业教育应用型课程建设中，要从课程标准出发，充分尊重学生在学习中的主体地位，强化教师在知识讲解、技能传授等方面的引导性作用。立足课程标准，学生可掌握基础理论，对具体操作技能的客观规律形成整体性认识，在动手实践中提高解决问题的能力，为强化专业技能、胜任未来岗位奠定坚实基础。

三、高等职业教育应用型课程建设的具体内容

高等职业教育应用型课程的建设过程，要始终掌握课程建设的具体内容，即解决好在教学过程中"教什么"的问题，遵循终身学习的教育理念，满足经济社会发展对技能型人才产生的强烈需求，着眼未来、注重应用。具体而言，应用型课程建设的具体内容应注意以下几方面：

（一）课程内容与相关职业标准对接

实施高等职业教育的过程就是促进人与职业素养相融合的过程，使学生能够胜任

未来就业的岗位要求，因此应用型课程建设内容要与相关职业标准充分对接，以达到职业技术技能标准为落脚点，切实提高学生未来从事技能岗位的职业技能。对此，高等职业教育院校要进行深入全面的就业市场调研，综合分析就业市场对技能型人才的实际需求以及不同工作岗位的职业技能标准，积极调整课程内容，实现与相关职业标准的无缝对接，彰显课程内容的应用性与实操性，不断充实课程内容。

（二）课程内容重新设计与融合优化

课程内容的组织与设计并非一成不变的，而要根据社会经济形势的变化、人才需求的变化等因素及时做出调整与优化。课程内容的形成源头应为具体的职业岗位，由特定教学手段引入课堂教学，使教学课程具有源源不断的动力。在课程内容进行设计与优化的过程中，要进行必要的课程目标分解，明确课程内容设置的方向与目标，并补充课程体系的薄弱环节，使课程内容适应未来职业需求，适应专业课程逻辑，适应课程未来需求。可将课程内容具体细分为多个不同的组成模块，增强模块与模块之间的衔接性，进而整合成统一化、系统化、整体化的课程体系。

（三）遴选优质教材或自编应用型教材

教材是应用型课程建设的基本载体，是开展教学工作任务的重要依据，教材质量的高低与课程建设效果的好坏密切相关，因此要始终注重遴选优质教材，并积极探索、编写符合自身实际的课程教材。经济社会的发展带动企业产业的发展，也带动技能型人才需求的发展，因此要与时俱进，及时补充、调整教材内容，开发设计适用性强、具有鲜明时代特征的应用型课程教材。通过自编应用型教材，凸显自我特色，牢固树立鲜明的高级技能型人才培养理念与思路。

四、产教融合背景下高等职业教育应用型课程建设的有效策略

（一）深化产教融合

基于产教融合的应用型课程建设，要持续不断地拓宽产教融合深度，充分整合高等职业教育、市场人才需求、创新创业等之间的关系，推动高级技能型人才培养模式变革。将职业技能涉及的新技术、新方法、新标准纳入课程建设体系，为课程建设赋予时代性元素。深入挖掘校企双方既有资源的潜力，又有充分发挥学校在专业、师资、生源等方面的优势以及企业在技术、设备、管理、生产、资本等方面的优势，实现校企共育，探索打造高质量、高水平、高效率的实训基地，为应用型课程建设奠定实训基础。

（二）促进教学主体团队化

高职院校应根据时代发展及行业变革，及时调整转变应用型课程建设理念，与时

俱进，摒弃传统保守陈旧的课程建设观念，打破僵化思维及固化行为意识，牢固树立现代化的课程建设理念。重点突出教学主体的关键作用，构建一支理论体系完善、实践经验丰富、工匠精神突出的高等职业教育团队，引导教育团队强化责任意识、合作意识、奉献意识。注重"双师型"教师队伍建设，为高等职业教育教师提供广阔的发展平台与空间，通过到企业挂职锻炼、脱产学习等方式提高整体素养。

（三）提高教学场所的灵活性与机动性

在产教融合背景下，高等职业教育应用型课程建设的教学场所已经不再仅仅局限于课堂及实训车间，而应结合教学实际需求，增加教学场所的灵活性与机动性，开辟更丰富的教学场所。在课堂，侧重理论知识的讲解与传授，为具体操作技能实践提供必要的理论基础支撑；在实训基地，训练学生动手能力，使学生直观形象地认识理论知识的应用价值；在企业车间，学生通过模拟企业员工的身份参与生产与管理。总之，要积极探索"引校进厂、引厂进校"等新型教学模式，构建行之有效的校企协同育人机制。

（四）促进教学方法多样化

应用型课程建设的最终目的在于培养更多、更优秀的高级技能型专业人才，因此要合理处理教师与学生之间的关系，突出教师的引导性作用及学生的主体作用。为实现相应的教学目标，完成相应的教学任务，高职院校必须丰富教学方式，灵活采取微课、慕课、翻转课堂、小组合作、情景再现等教学方法，使教学过程充满激情，激发学生学习的积极性与主动性，使其在愉悦轻松的课堂氛围中掌握专业知识。同时，还要强化师生互动，建立良好的师生沟通交流机制，探索形成新型师生关系。

（五）促进教学评价多元化

教学评价是高等职业教育的重要方面，对于掌握教学措施的实效性、了解教学活动的实际效果具有关键作用。因此，要及时组织开展教学评价，全面客观分析教学质量，推动应用型课程建设进程；促进教学评价主体多元化，能够使教师、学生、企业等均发挥特定的教学评价作用；将更多的评价要素纳入评价体系，能够对教学效果、学生技能、综合素养等进行精准评价。教学评价的具体方式可结合实际，合理选择书面评价、口头评价、课堂评价、课后评价等方式。

当前高等职业教育事业面临着新形势、新任务、新要求，需要利用新理念、新思维，解决应用型课程建设实践中的新难题。相关人员应该充分立足高等职业教育客观实际，不断深化产教融合，打造团队化、专业化的教学实施主体，创新教学方式方法，开展多元化的教学评价，切实提高应用型课程建设质量，为促进高等教育事业持续稳定发展贡献力量，为满足经济社会发展对高级技能型人才的需求保驾护航。

第二节　虚拟现实在高等职业教育中的应用

虚拟现实技术（VR）是一个比较典型的、应用在高等职业教育方面的突破，对人才培养提供了更加全面的技术平台，且虚拟现实技术在高等职业教育的教学方法与教学内容以及教学实践方面都提供了一定的支持。本节主要讨论了虚拟现实技术在高等职业教育中的具体应用策略。

虚拟现实技术是一种比较典型的信息技术，且得到了科学界的广泛关注，它的出现和兴起为人机交互的界面发展开创了比较广泛的探索领域。随着科技的不断进步，虚拟现实技术也逐渐获得了更加广泛的应用平台。虚拟现实技术是一种比较高效与实用的技术，在高等职业教育方面能够拥有更加普遍的应用成果，同时也在教育领域做出了很大的贡献。

一、虚拟现实技术简介

虚拟现实技术主要是指一种计算机的界面技术，是把计算机的图形学与计算机的仿真技术以及人机交互技术、多媒体技术等各方面技术综合起来的一种交叉性学科，能够产生极为逼真的视觉效果与感官体验，并创造出一个更加逼真的虚拟环境。用户可以在虚拟现实当中进行交互，相互之间产生影响，虚拟现实的特点就是沉浸式和交互式的，同时还将拥有更加直观的视觉感受。当用户使用交互设备，在虚拟环境当中存在的时候，就会与虚拟环境相互之间融为一体，产生一种身临其境的感受，而交互性主要指的就是用户对模拟环境当中的物体的具体可操作技术，并且能够从环境当中得到的反馈程度，让学生可以利用电脑键盘或者鼠标来进行交互，同时也可以通过一些特定的头盔以及数据手套等传感设备做到与三维环境进行交互，帮助用户在身处虚拟环境当中的时候，不仅能够获得逼真的视觉与听觉，还可以获得一定的触觉和动觉，让虚拟环境达到更加直观逼真的效果。

二、虚拟现实技术在高等职业教育中的使用策略

（一）创新教学手段

高等职业教育能够有效地给社会提供更多高素质的技能型人才，因此是一种主要将能力的培养作为核心，以就业作为根本的一类教育。在教学方法及教学手段方面更加注重校内的实习与实际工作的相互一致，并且能够将练习和讲课有效地结合起来，

让实践与理论进行更好融合。况且，在教学手段方面使用虚拟现实技术，还可以营造一个仿真的职业环境，能够让学生在学习和培训过程当中获得更加有利的条件，使用虚拟仿真产品能够提供给学生更多、更感兴趣的教学方法，引导学生学会主动要求学习。例如，通过仿真实验室的建设，来满足高职院校的各方面教学需求，并对现实生活中的设备和场地进行简单的模拟，同时建立三维的可视化虚拟模型，以学习者作为根本的中心来加入一些人性化的功能，使虚拟现实技术成为职业教育的一个基础技术性平台。

（二）提高教学实践效果

虚拟现实的沉浸性与交互性的体验，能够让学生在虚拟的时间环境当中扮演一个更加直观的角色，从而使其能够全身心地投入学习环境当中去，以此来帮助学生的实践能力获得有效提升，例如，针对一些特殊的专业军事作战或是外科手术，以及汽车驾驶和果树栽培等各方面的训练，职业学院可以建立必需的虚拟实训，来让学生在实践中获得更多的发展。此外，虚拟训练可以尽量避免一些在实际训练当中有可能会遇到的危险，学生可以通过不断练习，直至掌握相关操作技能为止，进而节约了实践资源成本。国内目前已经有很多职业学校建立了虚拟的实训室并开始应用，已经逐渐成为一个学校想要获得发展的必然趋势。

（三）重构课程体系及课程开发

虚拟现实的技术为高等职业教育学院的课程教学提供了更加丰富的技术支持，应当根据不同学生的具体能力来确定相应的课程结构与教学设计构建，要做到和高等职业技术学校的人才培养目标相一致的专业基础知识以及实践能力、文化素质方面的课程体系，培养出更多具有专业基础理论知识的技能型人才。虚拟现实的技术能够为学生提供更加生动且更加逼真的学习环境，例如，城市的规划模型以及旅游教学的模型等，在广泛的科目领域当中能够提供更多的虚拟体验，从而使学生学习知识的速度获得全面提升。虚拟现实的沉浸以及交互性能够让学生在虚拟的环境当中扮演一个角色，并且全身心地投入到学习当中去，让学生的技能训练以及技术实践获得提升。比如，目前国内开设的旅游教学的职业学院是很多的，虚拟旅游教学实训系统的需求量也很大，对各个地区的景点进行数字虚拟仿真，将场景搬到教室当中去，让教师和学生能够实时掌控景点内容并且进行互动。有了类似的虚拟仿真的技术产品的参与，就可以让教学内容变得更加生动直观，这样的学习能够让教学内容更加丰富，也可以让学习者更加有效地接触到相关的知识。

综上所述，虚拟现实技术和高等职业创新教育相互结合起来，不仅能够给高等职业教育提供更加有效的教学模式，同时也可以给高等职业院校提供更多解决高校当中普遍存在的一些问题的机遇，让高校能够获得更加全面的实训场地以及实践器材。虚拟现实技术的应用将使职业教育的教学模式发生改变，并且对之后的教学过程产生更多的影响，也能够对高等职业教育甚至整个教育系统进行全面的改革和提升。随着目前我国的虚拟现实技术不断发展，硬件设备的价格也变得更低，虚拟现实技术将会凭借其更多的优势，受到职业教育院校的更多重视，从而在教育当中发挥出更大的价值。

第三节　信息化教学在高等职业教育中的应用

近些年，随着互联网信息技术的高速发展，信息技术已经被广泛地运用在教育领域，影响现代化教育的教育观念、教育模式和教育方法。中国的高等职业教育在信息化教学方面获得了一定成就，但也存在很多问题。本节以信息化教学在高等职业教育中的应用为主题，分析信息化教学在高等职业教育中的应用现状，阐述信息化教学在高等职业教育中存在的问题，给出适当的建议，为职业教育的信息化发展提供相应的参考。

随着经济和科技的高速发展，现代科学技术极大地改变了我们的生活方式和生活观念。同样地，信息技术也渗透进教育进程，极大地影响了现代教育的观念和模式。高等职业教育作为中国培养职业技术人才的模式之一，由于得到国家和社会的大力支持，近些年有了极大的发展。而信息化时代的到来，亦对高等职业教育产生了深远的影响。

一、信息化教学

信息化教学是指在教育领域利用现代信息技术（如电脑、多媒体及网络技术），促进教育观念的革新，促进教育内容、教学方法、学习方式的转变，提升教育质量，建立能够适应现代化社会发展的新型教学体系。目前应用较广泛的信息化教学手段有多媒体教学、翻转课堂、MOOC、微课程、数字化图书馆等。在现代化技术的帮助下，教育模式和学习模式由过去的单一化变得多样化，师生能够迅速从网络上获得丰富的学习资源和信息。目前，信息化教学已经成为高等职业教育的一种有效教育手段，大大提升了教师的教学质量以及学生的学习效率。

二、信息化教学在高等职业教育中存在的问题

（一）高等职业教育的复杂性

近些年，国家政策大力支持职业教育的发展。高等职业院校的大规模扩招，使得招生门槛大大降低，很多院校开通了自主招生渠道，职业院校学生数量激增，学生情

况比较复杂，学生质量参差不齐，增大了信息化教学的难度。职业院校师资力量良莠不齐，部分年龄较长及教学能力较差的教师，思维观念和教学能力不能满足信息化教学的需要。很多教师不懂如何获取网络资源，如何利用现代化信息教学模式，部分教师甚至对信息化教学存在误解和偏见。

（二）传统教学模式无法向信息化教学模式转变

信息化教学不只是利用现代化技术手段教学，更重要的是教学思维、教学模式的转变。部分教师在教学过程中，只是将课本上的知识简单地转化为PPT，并没有改变过去以教师为中心的灌输式教学，教师和学生之间的关系仍然是单向的，没有发挥学生在学习中的主观能动性，忽略了信息化教育的开放性和交互性。信息化教学模式要求教师从教育的"主角"变为教育的引导者，将传统模式的"教师中心"转变为"学生中心"，充分发挥学生的主观能动性，激发学生的学习兴趣，让学生学习态度由"让我学"转变为"我想学"，培养学生的自主探究能力和合作能力。

（三）信息化教学资源和设备欠缺

信息化教学模式不能大力发展的原因之一是教学资源和教学设备的欠缺。信息化教学要求的教学设备通常价格昂贵，大大增加了学校的财政压力。高等职业院校普遍缺乏资金支持，尤其是一些传统院校和师资力量薄弱的地区。近几年职业院校招生大规模增加，学校的教学资源和教学配置无法及时跟上。另外，信息化教学设备通常需要专业的人员指导操作，很多教师和学生由于缺乏专业知识，不能将这些设备充分地利用到教学和学习当中，因此，设备的有效利用也是一个很大的问题。

（四）评价方式和评价体系单一

很多职业院校继续沿用过去单一、落后的评价方式、评价体系，对学生的评价模式仍然以考试成绩为主，不注重培养学生的逻辑思维能力、创造性和社会实践能力。对教师的评价则限于教学成绩、论文发表数量、项目完成情况，忽略了教师的教学水平和质量。

三、职业教育的信息化发展相关建议

（一）对教师进行信息化教学模式培训

提升高等职业院校信息化教学水平，首先要加强对师资力量的培训。教师是教育过程的关键领导者，是教学过程的实际执行者，因此，必须对教师进行专业的指导和培训，让教师对信息化教学有充分的认知和概念，从思想上和态度上真正接受这种新型教育模式。其次，聘请专业技术人员对教师进行技术指导，让教师掌握信息化教学中所需要的技能，教师自身也要在信息化教学研究中投入足够的精力。

（二）教学体系转变

教学模式上，改变传统教学模式，整合教育资源，采取新型信息化教学方法。事实上，信息化教学的范围非常广，最简单最典型的就是利用多媒体教学，教师可以充分利用多媒体来完成教学活动，将枯燥的专业知识理论转化为生动形象的图片和视频，使学生能够更直观地感受到知识的魅力。

教学内容上，教师要充分利用网络资源，及时更新自己的知识库，了解本学科的最新研究成果，丰富教学内容，除了课本的基础理论知识外，也要鼓励学生了解学科的前沿发展状况。要指导学生进行深入的研究，要求教师不要把教学仅仅限制在课堂内，更要拓展课后学习渠道，利用多样化的教学平台（如蓝墨云班课、超星网络教学平台），加强课后与学生的沟通与交流，使学生自主获得丰富知识和信息。同时，教育实习、社会实践、毕业设计、产教融合等都是十分有效的培养学生实践能力的手段。

能力培养上，教师不应该只传授知识，更要培养学生独立学习的能力，让学生能够学会利用技术手段自主获取信息、分辨信息、利用信息。

（三）建立多层面的评价体系

对学生的考查要理论知识和能力并重。理论知识是学生技能发展和工作开展的基础，能力是指学生的理解力、团队合作能力、技能实践操作能力、实际工作中的创新能力及学生的发展潜力等。在评价的过程中应定性评价和定量评价相结合，定性评价操作方便，结果更为直观，但对于高职教育而言，学生的一些能力无法直接具体量化，所以评价方式应尽可能多样化，定量与定性相结合，增强评价的综合性和全面性。

职业教育信息化发展是适应当今教育改革和信息技术创新的大趋势。职业院校应大力推动信息化教学模式的改革，鼓励一线教师建设优质教学资源，开展信息化环境下的职业教育教学模式创新研究与实践，提高教育教学质量，为国家培养高素质劳动者和技术技能型人才。

第四节　大数据在高等职业教育中的应用

高等职业教育是培养技术人才的重地，发展职业教育有利于促进教育水平的提升，完善国家体系。在大数据时代背景下，培养学生信息及应用能力、提高学生数据发现与挖掘潜力已经成为我国高等职业教育培养的目标，本节针对大数据在高等职业教育中应用现状，分析大数据在高等职业教育中应用的途径。

大数据已经广泛应用到了生活中，在医疗、金融、媒体等行业都有涉及，对于教育领域来讲，大数据也可以在教育界有所成就。近年来大数据在我国快速发展，各种教育模式不断兴起，利用大数据平台可以进一步发展高等职业教育，服务于未来社会。

一、大数据给职业教育带来新的机遇

之前有人提出了大数据的几个观点：首先，大数据的使用是一个非结构化的数据，并不是精确的大量复杂数据。其次，大数据讲的是数据之间的联系，而不是倾向于两者之间存在的某种必然的关系。最后，大数据不是数字化，大数据考量的是总体，并不是样本。这些观点为职业教育应用大数据提供了新的理念。

目前我国大数据在高等职业教育中往往注重的是理论知识的讲解，却忽略了对职业技能的讲解，在大数据中公认的权威是牛津大学所迈尔·舍恩伯格的《大数据时代：生活、工作与思维的大变革》①一书，以浅显易懂的语言讲述了大数据如何改变教育，里面写到所谓的"大数据"只是自适应学习软件记录少量的教材试用数据和一些暂停快捷键的点击，又或是通过计算机完成作业和测验的数据，相比过去而言当然是有十分明显的进步。从数据的容量来看，点击率的数据统计是以 GB 计量，或者更小，这些数据在教学中起到了一定的作用，但是相比职业教育中技能讲解需要的数据是 TB，或者更高，应用它需要的数据更全面。随着互联网技术广泛应用在各行各业，各种有实效性的数据都能采集，并且这些数据的采集给职业教育带来快速发展。从实践理论方面来讲，发展职业教育新方向就是要从传统的抽样数据转换为数据更加稠密的新方法，从而根据数据信息采集的改革有效地开展高职教育事业的研究。

二、大数据在职业教育中的现状和问题

（一）大数据在职业教育研究中的现状

目前，我国大数据在高等职业中主要是对数据的管理、建设及数据环境的建设进行应用研究，大数据在高等职业教育中加入了教育新理念和治理新模式整合治理等。从 2013 年起，国内教育领域就有在大数据下促进教育改革和创新发展的热浪，因此大数据迅速发展，主要体现在研究论文数量和质量逐渐增多推动我国高职教育的快速发展同时加快大数据技术与高等职业教育的融合，也是未来教育事业发展的必然趋势。

---

① 迈尔·舍恩伯格，库克耶. 大数据时代：生活、工作与思维的大变革［M］. 杭州：浙江人民出版社，2013.

（二）大数据在职业教育应用中存在的问题

大数据对学生能力测评不够充分，目前我国高等职业教育学校对学生的测评一般都是以学生毕业证明为主，而对学生能力的测评主要是根据学生成绩来衡量。学生对于自身成长过程中自我认识不够透彻，对未来自身职业规划没有主见，同时学校对学生将来的发展和对人才培养的方案数据管理机制不够完善，学生在校时的能力测评是对未来发展的一个预测，如果学校不及时制定相关的管理机制，就无法掌握学生的情况，无法对学生的能力进行测评。当前我国许多学校基于大数据为技术在日常生活中的应用少之又少，比如，对教材的改革编制、实训室的建设等方面还有待提高，尤其是将来高职生要面向社会，面对不同的工作岗位，所以他们对不同的职业活动认知能力也不同，尤其将来可能面对与人接触的行业，对于他们认知能力的要求更加严格，所以学生也要不断地积累更广的数据资源，同时学校还应该鼓励学生进行模拟实践，提升学生的认知水平，以便将来面临工作岗位时有较大的升职空间。

大数据在高等职业教学课程的开发中还有一定的扩展空间，因为课程不仅仅是学校教师的理论教育，也不只是一些相关专业和教授对这门课程的讲述，对于那些有可能出现在职业活动中比较重要但是却遗漏了的课程，又不能通过语言文字言传的知识，同时也有可能会影响职业活动的绩效考核等。大数据通过记录学生在实际工作地点的数据，之后经过学校相关教师的反复审查到最后修订成册，可以有效地提升课程质量。

三、大数据在职业教育中的应用

（一）职业教育的大数据理念

职业教育不仅仅是扩大数据统计，满足大数据"海量"的需求，而是应该根据大数据，将开发程序和开发结果彻底改变。大数据之所以大，在于它的海量以及多样化，这些显著特征都使其在职业教育中大放异彩。传统的教育模式主要是以知识传播为主，而当前的这种教育模式着重点在于技能传授，目前大数据在高等职业教育的应用中还属于探索阶段，还有很大的改善空间，所以新形势下除了对知识点的数据进行收集，还应该对学生掌握知识点的情况进行采集，新型职业教育应该以情境教学为主，以学生工作场所为主体也就是实地学习，教师在进行情境教学过程中应该全面记录学生的各个数据，还要有相对大的储存空间将这些数据进行存储，再由相关人员对这些数据进行运算、处理。对于职业教育首先在理论上应该明确，采用专业的数据采集工具对实地学习的数据进行记录，之后将采集的数据进行分析、整合，将数据处理之后勾勒出相应的模型，使大数据工具在职业教育中发挥其作用。这就要求职业教育工作从相关制定者到实践者、最后到教育者都要认同大数据，并积极参与到大数据中来，让大数据成为推进职业教育的有效工具。

职业教育客体数据主要来源于学生，教育数据的采集为学校进行人才培养提供了依据。现在我国高等职业学校还是集中于学生过程培养的数据收集和统计，而培养过程中的数据采集相对容易但是不够客观，对比数据研究也不够充分，对于学生以后就业和人才质量评估都不完全。数据向后延伸是改进培养质量必不可少的一部分，但对于向后延伸实际上是比较困难的，主要是由于学生自控力普遍不够强，很多学生厌倦了学校的管理急于脱离学校。一般来说，学校对于毕业生的数据统计多来源于部分对学校、对学习有兴趣的学生，而对于那些急于毕业的学生的数据统计相对较难，这部分数据统计来源，对学校而言是一个很大的挑战。所以应该在教学中使学生形成职业认同感，使毕业生积极配合。

（二）改变职业教育统计口径类的大数据

职业教育中统计大数据的口径主要来源于高等职业教育的主体数据和客体数据。我国许多高等职业教育学校对于这一类数据的统计不够专业也不够全面，笔者建议应该将数据统计朝着更大目标、更多方向发展。我国职业教育主要是对中职教育和高等职业教育，在这些职业技术培训机构中有很多民办职业教育学校，还有一些由国家教育部门建立的高等职业教育学校，尤其是民办教育学校在学生数据统计中没有明显的体现。所以想要改变职业教育统计口径类大数据，首先要打破约束和限制，将统计口径扩大，同时将民办和人力资源保障部门的培训机构纳入其中，要求教育管理部门一视同仁将教育资金均匀下拨，而学校也要建立相关的审计监督，这样采集数据就相对容易些。统计口径得到改善后，根据研究再进一步细化。

（三）通过大数据对职业教育领域进行改进

对于职业教育数据统计完全可以借鉴美国的教育管理系统，美国的教育管理系统主要是区域化管理，对于专业不同的学生对其进行不同的职业教育，将不同区域的职业工资待遇和薪水待遇以及学生将来的发展前景系统进行完善更新，同时也方便高等职业教育招生和培养学生方案的制订，为学生以后在自己的职业生涯规划和学生就业方面提供了很大的帮助。学校通过大数据将职业市场中市场机制对经济发展的影响展现出来。相比西方国家（如美国等）而言，中国的职业教育对于学生的成长过程数据和课程改革数据都相对滞后，如果高等职业教育没有大数据，那么学生的课程就仅仅来源于教师自身的经验传授和传统的教学方式。反之，如果高等职业教育中应用了大数据，实现大数据必须进行各种数据的搜集还应该有相关专家工作的采集平台；之后建立人才培养方案的相关机制，或者微调课程模版，避免所学知识被淘汰。在这一动态调整过程中，数据统计和数据来源都来自学生，如此大数据就促进了毕业生的快速成长。

四、大数据在职业教育教与学方法中的应用策略

大数据在职业教育中的应用是建立在职业教育的需求上的大数据储存库，在这个基础上开发现实与虚拟技术，改进现有的教材。随着时代的不断进步、科学技术的更新换代，需要研发虚拟与现实相结合的教学方式，有效地改善传统教学中效率过低、授课波及范围较小的问题，学校可以适当地建立一些模拟实训室，大大降低训练中的材料耗费成本，实训室可以将教师的动作为信号进行模拟，使学生对教学产生兴趣，同时又能改善传统教师授课单一的问题，也使学生更容易接受。

在这个信息化的时代，改善传统职业教育完全可以借助云计算，将手机的资源信息库作为教学教材的载体；之后运用一些智能交互技术如语音识别、指纹触控、眼睛识别等使大数据具有很强的交互功能，给学生带来一种全新的体验，这也正符合当代学生的需求。对于一些生物传感类可以在其中安装传感器，记录整个过程的数据，将数据变成网络的接入口，把数据最终整合成数据源，同时可以将一些相关专家的观点和言行记录在智能设备上，让其变成评测学生的一种工具，还可以将一些不规范的问题及时反馈。

近几年高等职业应用大数据已经成为业界的热议话题，大数据的应用除了顺应时代发展以外，也为我国职业教育事业带来了很大的机遇。凡事都有两面性，大数据的应用在给教育事业带来机遇的同时也带来了很大的挑战。因此，加强大数据在高等职业教育中的应用研究对未来教育事业改革有很深的意义。

第五节　质量管理体系在高等职业教育中的应用

质量管理体系是由国际标准化组织制定并发布的，它适合于各种类型、不同规模、提供不同产品的组织。我国质量管理体系在企业中得到较广泛的应用，产生了较好的效果，但该体系在教育界应用得较少，指导质量管理体系在教育界的应用对于提高我国的教育质量起着至关重要的作用。高等职业教育在我国起步较晚，为迅速提高我国的职业教育水平，服务于国家经济建设，实施并运行质量管理体系是十分必要的。质量管理体系用于证实组织具有稳定的满足顾客要求和法律法规要求的产品的能力，旨在使顾客满意。质量管理体系在职业教育中的应用，主要体现在以下几方面。

一、产品实现的策划

学校应针对职业教育人才培养目标的实现所需的过程进行策划和开发。在对职业教育人才培养方案进行策划时，学校需确定以下方面的内容：

（1）职业教育的质量目标和要求。

（2）针对职业教育目标确定教学过程、教学进度计划、课程标准和教材、教师教学设施等文件要求和资源。

（3）对教学过程所要求的监督与评价，对学生、学员学习效果所进行的考核与评价，学生、学员入学和毕业／结业的条件和准则等。

（4）对满足教学过程和学生、学员学习符合规定要求提供证据所需的记录，策划的结果应形成文件。

二、与顾客有关的过程

（一）与产品有关要求的确定

学校在策划职业教育目标时，应确定和满足以下内容：

（1）学生、学员、家长和用人单位的正当要求。

（2）顾客虽然没有规定，但与教育目标的方向、宗旨相适应的必需要求。

（3）与该教育目标有关的法律、法规要求。

（4）学校自己规定的附加要求。

（二）与产品有关要求的评审

学校与教育服务有关的要求一般体现在招生简章、招生通知、人才培养方案等相关文件中，在委托办学、外包部分教学过程情况下，则在委托或外包办学协议或合同中体现。

招生简章、通知和人才培养方案在发出之前应进行评审，以确保：

（1）招生简章、通知和人才培养方案中的内容如培养方向、目标、专业／学科内容、学制或学习时间、入学资格和办法、学历证书及所提供的其他服务和费用等得到规定。

（2）招生简章、通知和人才培养方案评的重点是学校是否有能力满足明列的要求，这些要求的主要内容是否与教育行政（主管）部门规范的要求一致。

（3）招生简章、通知和人才培养方案及入学指南等应是精确的、现行的、有效的。应定期评审，如发生变化，学校应确保相关文件得到及时修改，相关人员应知道已发生的变更。

（三）与顾客沟通

学校应建立与顾客沟通的正常渠道和有效安排。

沟通的安排应满足以下条件：

（1）教学服务信息。

（2）对原已明确的要求进行的修改、处理。

（3）顾客反馈、投诉等。

应根据教学服务特点在实施之前、实施过程中及毕业或结业以后不同阶段做出相应的安排。

（四）设计和开发

1.设计和开发策划

学校依法自主设置和调整的学科、专业，自主制订教学计划，应经教育主管部门批准后实施。这种专业教学计划的内容应包括培养目标，课程设置，学制培训时间，教学大纲，教学基本要求，学生、学员资格，教学设备、设施及教学成果期望等。学校自主设计和开发的专业教学计划和培训项目的课程计划，可视为学校的设计开发活动加以控制。以下简称为"教学活动设计"。

在对教学活动设计进行策划时，学校应确定：第一，教学计划设计的过程阶段，如对策划的初步方案、教学大纲、教材、内部试讲、开学试讲等阶段；第二，针对上述阶段，确定适合的评审、验证和确认活动；第三，确定每项活动的职责和权限，设立从事该项活动人员的要求。

同时，还要考虑参与该项活动的不同组别之间的接口，包括对职能层次上和不同专业和学科之间的接口实施管理，以确保有效沟通。

2.设计和开发输入

对每项教学活动设计，需根据教学目标的要求规定其输入，并形成和保持记录。输入要求通常应包括以下内容：第一，教学活动的功能和目标要求，包括专业、项目的特征、教学对象目标、课程结构、学制时间、适用性等要求，这些要求应在可行性报告中得到反映；第二，适用的法律、法规要求；第三，现有的文件和资料中类似的专业教学计划提供的信息；第四，设计教学计划所必需的其他要求。

对以上输入的充分性应进行评审，以保证输入内容是完整的、清楚的，不能自相矛盾。

3.设计和开发输出

教学活动设计的输出应以对照输入进行验证的方式提出，放行前应得到批准。教学活动设计的输出应具备以下条件：第一，满足教学计划设计输入的要求。第二，为招生、实施教学提供适当的信息，作为教育服务动作策划的依据。第三，包含或引用对教学服务和学生学员的考核、评价准则及结果的运用；第四，规定教学设施、环境及其他相关的要求。

4. 设计和开发评审

在教学活动设计的适当阶段，应对教学活动设计的结果进行系统的评审。①评价教学活动设计的结果满足要求的能力；②识别问题和不足，采取纠正措施，以确保最终设计满足要求。

为了达到系统评审的目的，学校应在策划活动中确定评审要达到的目标、评审方式、参加人员及其职责等。

5. 设计和开发验证

教学活动设计验证应在编制计划中予以规定。教学活动设计的验证可以采取以下方式：①实验教学计划，进行试讲或一段时间的试点办学。②扩大座谈范围听取意见，包括其他教师和学生或用人单位的意见。③与成功的、类似的专业教学计划及培训课程计划进行比较。④教育行政（主管）部门对新教学计划首次审批或试办的认可等。

6. 设计和开发确认

在设计验证成功后进行设计确认以确保设计和教学活动符合预先确定的和应用的要求。教学活动设计如得到教育行政（主管）部门的评估认可、批准或委托方的正式认可，可视为教学活动设计得到确认。有时，对教学活动设计的确认和验证一同进行也是可以的。

（五）教育教学服务的提供

1. 教育教学服务提供的控制

职业学校必须使其教学服务在受控条件下进行，为此需进行必要的策划，根据不同类型的教学服务要求，确定受控条件，一般应包括：①有表述专业教学具体目标要求、课程设置、实施性的教学计划和教学规范制度等的文件。②有指导教学活动的文件和资料，包括课程大纲、课程教案和课程材料等。③使用适宜的教学设施、设备。④获得和使用监视和测量装置。⑤对教学服务过程和学生、学员学习效果实施监视、测量和考核、评价。⑥对学生、学员毕业结业和毕业结业后的活动进行实施跟踪。

2. 教育教学服务提供过程的确认

教学和培训效果不能或不完全能由其后续的监视或测量加以验证。因此，学校应根据教育的类型对主要的教学或培训过程进行确认。确认应证实教学过程实现所策划的教学目标的能力。确认这些过程的安排，一般包括以下内容：①制定评审和批准教学过程的标准或准则。②对教学设施、设备进行认可，规定人员资格特别是教师资格的鉴定；对决定产品过程质量及产品质量起重要作用的教师和员工的素质应提出较高且明确要求，并使之符合要求，国家有关法规对学校教师资格的规定应严格地执行。③过程确认的方法和程序。教学过程的确认可以采取对过程安排进行鉴定、试讲或有顾客参与的评审等方法进行。对主要教学过程按"特殊过程"的要求加以确认，如授课教师的理论课授课和实践课授课能力、教师本身实践动手能力、教师专业课程开发能力、教案设计能力等都要进行确认。对实施教育、教学的教师应通过听课、教案评审、说课等方式予以把关。获得教师资格的教师，在登上讲台以后，还应安排专人通过听课、评课、教案设计评审、说课等方式对教师的教育教学情况实施跟踪确认。④必要的确认记录。⑤适用时再次确认。

3. 标识和可追溯性

学校应对教学过程和教学结果进行适当的标识，以做到对教学质量形成过程能够追溯；对学生、学员学习状况能够追溯。标识主要包括：①教学手册、教学过程记录及评价记录。②学生、学员考核成绩单及评价记录。③学生、学员从入学到毕业／结业过程中的注册表、登记表、证件编号等各种表明其学籍和学习状况的记录和档案资料。这些标识应当清晰、具有唯一性和可追溯性。

4. 产品防护

产品防护的要求对于学校而言，可以主要对应于学校对学生、学员在校期间和毕业／结业时提供的个人人身安全方面的保护。学校根据预先的规定，可以（但不一定是全部）将学生、学员所关心的，对教育服务产生直接影响的活动列入本要求。①交通：包括入学及教学过程中所需要的交通服务，应明确管理方式、方法，控制过程，以达到安全、准时。②住宿：应规定入住、管理办法。按适宜的时间和间隔对宿舍进行维护，以保持良好的住宿环境、秩序和安全。③安全：应制定内部安全管理办法，采取必要的安全措施，包括防火、防盗、防人身意外安全事故等，以保证学生、学员在校学习期间的个人安全。④卫生、健康：应制定必要的管理办法，以保持学生、学员健康，特别是对传染性疾病要加以有效控制。⑤食品提供：应制定食品提供或食堂的管理办法，特别要注意保持食品卫生。⑥毕业、结业离校：应制定学生、学员毕业／结业离校管理办法，明确应交给学生、学员及所在学校的证件、资料、文件的种类及时间，有送站要求的应准时、安全地送达目的地。

三、测量、分析和改进

为确保教育服务的符合性、质量管理体系的符合性，并使其不断地改进，学校应策划并实施所需的监视、测量和改进过程。

（一）监视和测量

1.顾客满意

将学生、学员，必要时包括学生家长和接收单位满意程度作为测量质量管理体系业绩的方法之一，以此来衡量所建立质量管理体系的有效性并明确改进的领域。

学校应建立这样的测量系统，对顾客满意程度的信息进行监控，应制定监控的标准，明确对收集信息的分析方法与分析频次，以确保收集的信息得当，并保持信息的连续性。

2.过程的监视和测量

学校应采取适宜的方法对影响教育服务和教学质量的过程进行监视和测量。监视和测量的范围、深度应结合学校的教育服务特点确定。

对教学过程的监视和测量，应能证实教师教育教学的能力和水平，执行课程大纲、教学计划、教学管理制度的可信性、及时性和有效性。

当发现教师的教育教学质量不能满足学校规定的要求时，应及时采取纠正或预防措施，确保教育教学过程获得所策划的结果。

3.产品的监视和测量

学校对产品的监视和测量包括对教学服务过程结果的监视测量和学生、学员学习效果的考核两方面。学校需明确对这两方面的监视和测量的阶段、方法和程序。对学生、学员的考核需明确考核的项目、范围、方式、标准、规则及考核结果的应用等。规范的学历教育会有学期、单科、毕业及平时学习和品德表现等阶段和项目的考试、考查和评价。其他教育和培训要按照其特点确定考核项目、内容和方式，可能是从简单的出勤考核记录到一套完全规范有效的考核办法。

对学生、学员最终的考核、评价要在规定的教学要求已圆满完成之后进行，除非教育行政部门或事先的规定所允许的例外，并得到授权人员的批准，否则只有经过这种最终考核合格的学生、学员方可毕业、结业，领取相应的毕业、结业证书。

4.不合格品的控制

对于学校而言，不合格品控制的要求涉及对不合格教育教学服务和学生学员学习表现不合格的控制。学校应明确规定对不合格控制及处置的职责和权限。

对于不合格成绩、学生和服务，应予记录、评价和处置，并通知有关职能部门。

对于学生、学员所学课程或表现不合格，合理的处置应是：①提供学习支持或额外指导；②评价后决定继续学习；③重复部分课程学习；④转向另一课程、活动；⑤留级；⑥要求离校。

对于不合格的教学服务评审后的处置：①重新讲授；②重复部分工作；③对课程/服务再开发；④道歉；⑤其他有针对性的纠正措施。

对课程考试考查不合格处置后应按要求补考；对教育服务的不合格处置后应重新进行评价。

5. 有效的决策是建立在信息和数据的分析基础之上的

信息的筛选和分析是管理者有效决策的依据，如学生对知识的掌握情况、学生遵守校规校纪情况、学生流失率、学生就业率、学生毕业率、学生升入高一级学校继续深造的情况、学生技能证获得数、毕业生专业对口情况、用人单位对毕业生评价情况等。

实施和运行质量管理体系，既可抓住工作的重点，也能考察工作的全面性，还能降低工作内耗、提高工作效率，对打造民族职业教育品牌和世界职业教育品牌有极大的推动作用。

第六节　OBE 在我国高等职业教育改革中的应用

OBE 理念是一种以学生的学习成果为导向的教育理念。我国已有高职院校应用 OBE 理念进行教育教学改革，一些应用型本科院校也已经开始推行 OBE 理念。"职教二十条"明确提出高职教育要借鉴国际职业教育的普遍做法，积极推进高质量发展，深化人才培养培训模式改革，提升技术技能人才培养质量。树立 OBE 理念，推动我国高职教育理论创新与实践创新，为我国高职院校进行教育教学改革和人才培养模式创新提供重要参考。

一、OBE 理念的内涵

OBE 是 Outcome-Based Education 的英文缩写，最早出现于美国和澳大利亚的基础教育改革，是基于学习产出的教育模式。20 世纪 80 年代至 90 年代初，OBE 成为美国教育界十分流行的一个术语。1981 年，它由美国学者斯派蒂（Spady W.D.）在标准参照评量（Criterion-referenced Measurement）、能力本位教育（Competency-based Education）、精熟学习（Mastery Learning）以及绩效责任（Accountability）等理论的基础上，在其著作《以成果为本的教育：争议和答案》中首次提出，斯派蒂在该书中把 OBE 定义为"清晰地聚焦和组织教育系统，使之围绕确保学生在未来生活中获得实质性成功的经验"。OBE 理念很快被人们接受和推广，现已被许多国家工程教育专业认证完全采纳，成为美国、英国和加拿大等国家教育改革的主流理念。

国内学者对 OBE 的常见表述是"成果导向教育"，此外也有"能力导向教育""需求导向教育"或"目标导向教育"的提法，所以 OBE 理念也称成果导向教育理念。

OBE 是一种"以学生为中心"的教育理念，在实践上，它聚焦于学生受教育后获得什么能力和对学生能够做什么的培养，它强调一切教育活动、教育过程、教学和课程设计都必须围绕对学生实现预期的学习成果（Learning Outcomes）。在实践上，OBE 是一种注重教育产出的教育模式。

OBE 理念最核心的要素有三方面：第一，以学生为中心。所有的教育教学活动目标都要围绕学生的培养，考虑学生的成长需求。内容根据对学生的期望而设计，判断师资与其他支撑条件的原则是否有利于学生达成预期目标，评价的焦点是对学生表现的评价。所有的投入和教学过程都是为了帮助学生取得更好的学习效果。值得一提的是，这里的学生指的是全体学生，而非少数优秀的学生。第二，以学生成果为导向。OBE 理念认为教育的最终目的是为了帮助全体学生获取未来生活工作的能力，并围绕这些能力开展一系列教育教学活动。OBE 理念必须明确让学生获得什么样的学习成果以及让学生获得这样的学习成果的缘由，明确采用何种手段帮助学生获得该学习成果，以及怎样确认学生是否获得了这些成果和学生能获得这些成果的保障措施。第三，以持续改进为重点。OBE 理念要求对培养目标、毕业要求和教学环节都要进行评价，评价的结果必须用于对培养目标、毕业要求和教学环节的改进。将适应变化作为质量改进的基准点，制度和标准体现了持续改进的内容，持续改进效果通过学生表现来体现，形成促进可持续改进的良性循环。

二、OBE 理念应用于我国高等职业教育的研究现状

采用文献研究法，以 2019 年 10 月 10 日为时间节点，通过对中国知网（CNKI）数据库学术期刊、博硕论文、会议报纸及成果数据库资源系统分别以"OBE""成果导向""需求导向"前后冠有"高职"的组合词为关键词，对主题、关键词和篇名进行了全网检索，共检出相关高职教育教学类研究文献 283 篇。经统计发现，冠有"高职"的"OBE"为关键词的研究文献检索出 62 篇，其中有 32 篇获省级基金项目支持，有 17 篇获市、校级基金项目支持，占比分别为 51.6% 和 27.4%；冠有"高职"的"成果导向"为关键词的研究文献检索出 144 篇，其中有 83 篇获省级基金项目支持，有 19 篇获市、校级基金项目支持，占比分别为 57.6% 和 13.2%；冠有"高职"的"需求导向"为关键词的检索出研究文献 77 篇，其中有 34 篇获省级基金项目支持，有 9 篇获市、校级基金项目支持，占比分别为 44.2% 和 11.7%。研究内容涵盖了高职教育教学中专业人才培养模式、课程体系建设、课程改革与设计、教师教学质量评价以及高职教育教学中的其他问题，以围绕人才培养模式改革的课程体系建设和课程改革的内容居多。研究文献主要分布在江苏、广东、浙江、山东、黑龙江、河北等地 20 个省市自治区的高职院校，其中有 1 所研究机构，以江苏、广东、浙江、山东、河北、

黑龙江等地较为集中。

关于高职教育应用"OBE"和"成果导向"相关理念的研究在 2015 年之前还很少，关注度也远远不够，2016 年开始增加，在总计 206 篇关于"OBE"和"成果导向"的研究文献中，2017—2018 年合计达到 105 篇，而截至 2019 年 10 月 10 日，2019 年就已达到 69 篇，呈明显上升趋势，可见高职教育对 OBE 理念的关注度上升之快。在相关研究中，分别有研究获国家公派留学基金项目资助、2018 年度全国高校优秀青年人才支持计划项目资助、全国人文社会科学基金项目以及广东省高职教育教学改革研究与实践和高职教育技能竞赛教改项目资助、山东省职业教育教学改革研究重点资助项目等重大项目资助，而且省级基金项目支持的研究文献占到研究文献总数的 52.6%。这足以看出国家级、省市级教育行政部门和教育研究机构对 OBE 理念应用研究的实际支持力度很大。

据调查获悉，为增强改革实效，已有高职院校应用 OBE 理念进行教育教学改革。例如，广州番禺职业技术学院采用的"成果为导向，项目为主体，任务为引领，服务（产品、作品等）为载体的'教、学、做'一体化教学模式"也收到了明显的效果。我国应用型本科院校之一的汕头大学开创了国内应用 OBE 理念进行工程教育模式改革实践的先河。近年来，汕头大学借鉴国际经验，全面推行了基于成果导向（OBE）的教学模式，构建了以 OBE 理念为骨架的"先进本科教育"模式，并在创新人才培养模式、优化教育教学管理机制、提高人才培养质量等方面取得了显著成效，得到了国家级教学成果专家鉴定组的一致肯定。

2013 年，我国签约加入《华盛顿协议》成为预备成员，标志着 OBE 理念已被我国高等工程教育界所接受。2016 年 6 月 2 日，中国科协代表我国正式加入《华盛顿协议》成为第 18 个会员国，为我国高等院校工科学生走向世界提供了国际统一的"通行证"。目前，应用 OBE 理念开展的实践模式已经成为众多应用型本科院校进行工程教育认证和推行人才培养模式改革的主流选择和热门追求。OBE 理念下的专业建设、学生培养、评估机制为《华盛顿协议》的专业建设和人才培养质量以及持续评价改进提供了重要参考和借鉴。正是基于 OBE 理念，《华盛顿协议》才引导了本科院校的工程教育改革并将其融入国际工程教育专业认证。

OBE 教育理念强调的是以学生为中心、以学生学习成果为导向对人才培养方案进行反向设计和强调对人才培养方案持续改进的模式，对我国高职院校的专业建设、提高人才培养质量和教育教学改革具有很强的启发性。OBE 教育理念在我国高等工程教育中的实践，不仅对我国高职教育具有典型示范作用，对引导我国高职院校的人才培养模式改革更具有现实意义。

2016 年 12 月 26 日，我国高职院校全面接受 OBE 理念的"应用研究高职院校联盟"

成立，江苏省高等教育学会、中国职业技术教育学会职教质量保障与评估研究会及教育部职业技术教育中心研究所评估中心主要领导以及来自全国 100 余所高职院校的代表出席了成立大会。2019 年 1 月 17 日，该"应用研究高职院校联盟"在南京信息职业技术学院举行第三次年会。

由此可见，高职教育应用 OBE 理念的研究主要围绕教育教学改革相关问题进行，研究呈明显上升趋势，并以课程体系改革与设计居多。研究主要集中在高职教育相对发达的省份和地区，并得到了国家、省市级教育行政部门和高职院校的高度重视，且获得了资金支持。

三、OBE 理念与我国高等职业教育改革的适应性

（一）我国高职教育改革的发展趋势

2014 年以来，国家先后出台文件加快发展现代职业教育，支持部分地方普通本科高校向应用型转变，高职院校建设竞争的格局已从规模扩张转为内涵建设，从院校建设转为专业建设，从经验引领转为理论引领，从国内领先转向国际标准。高等职业教育创新发展行动计划提出广泛参与国际职业教育合作与发展，加强与职业教育发达国家的政策对话，积极参与到职业教育国际标准与相关规则的研究与制定中，开发对应国际标准与规则的专业标准和课程体系，扩大国际话语权。2015 年 6 月，教育部在发布的《关于深化职业教育教学改革全面提高人才培养质量的若干意见》中提出了以立德树人为根本，坚持走内涵式发展道路，创新人才培养模式，全面提高人才培养质量的一系列任务要求。高职院校顺应"成果导向，多元评估，持续改进"理念，加快内涵发展，是提升高职院校教育质量，提高我国高职教育国际竞争力的必然趋势。2017 年 12 月，国务院办公厅发布的《关于深化产教融合的若干意见》明确提出了高等教育要适应当前我国推进人力资源供给侧结构性改革的迫切要求，必须推进产教融合人才培养改革，全面提升教育教学质量。2018 年 2 月，教育部在印发的《职业教育与继续教育 2018 年工作要点》中又指出，推进高等职业教育高质量发展，各地要积极落实高等职业教育创新发展行动计划，启动中国特色高水平高职学校和专业建设计划，打好职业教育提质升级攻坚战，建设一批当地离不开、业内都认同、国际可交流的高职院校。在当前我国深入推进产业转型升级，推进制造业强国建设和扩大就业创业的新形势下，为实施国际战略，国务院于 2019 年 1 月 24 日颁布了《国家职业教育改革实施方案》，明确要积极推进高等职业教育高质量发展，指出高等职业院校要培养服务区域发展的高素质技术技能人才，借鉴国际职业教育普遍做法，启动 1+X 证书制度试点工作等，其根本指向就是提升高职教育的技术技能型人才培养质量。在此基础上，

教育部、财政部两部委于 2019 年 4 月 1 日联合发布《关于实施中国特色高水平高职学校和专业建设计划的意见》，正式启动高水平高职学校和高水平专业（"双高计划"）建设工作。目前，全国高等职业教育 1+X 证书制度试点工作已经全面展开。大力推进高等职业教育改革创新，让我国高职教育走向世界，已成为新时代我国高等职业教育改革的迫切任务。

（二）《悉尼协议》（ Sydney Accord ）、国际互认体系与 OBE 理念

《悉尼协议》是国际上专科学历层次的工程技术人员资格互认协议，是面向高职层次的工程教育与工程师国际互认体系中重要的认证规范，是工程教育与工程师国际互认体系的重要组成部分。《悉尼协议》的核心理念是以学生为中心（ Students-centered ），以成果为导向（ Outcome Based Education，OBE ），持续质量改进（ Continuous Quality Improvement，CQI ），尊重专业个性。《悉尼协议》强调以学生为中心，在"基于学生学习结果"这个标准的同时突出了"以学生为本"的理念，以培养目标与毕业要求为导向，通过师资队伍、课程体系等资源支撑毕业要求的达成，实施内外部评价反馈的持续质量改进体系，在认证评估中突出用人单位的参与。《悉尼协议》已经全面接受 OBE 理念并将其贯穿于专科层次工程教育认证标准的始终。OBE 理念是《悉尼协议》重要的核心概念。

实现工程教育和工程师资格国际互认的重要基础是工程教育认证。为适应经济全球化的需要，20 世纪 80 年代，一些国家发起并开始构建工程教育与工程师国际互认体系，其内容涉及工程教育的标准、学历和工程师资格等多个认证，工程学位的互认就是通过工程教育认证体系和工程教育标准的互认实现的。其中，2001 年的《国际专业工程师协议》对应《华盛顿协议》、2003 年的《国际工程技术专家协议》对应《悉尼协议》、2010 年的《亚太经合组织工程师协议》对应《都柏林协议》，意为工程教育和工程师职业的国际互认体系。

从层次上看，《华盛顿协议》针对的是 4~5 年的本科学制，《悉尼协议》针对 3~4 年的高职学制，《都柏林协议》主要针对 2 年的短期工程教育学制。尽管《华盛顿协议》《悉尼协议》《都柏林协议》在解决工程问题和工程活动范畴以及知识要求、毕业素质要求、职业能力要求上有深度和广度方面的差别，但在国际工程教育与国际工程师互认体系中，《悉尼协议》与《华盛顿协议》均采用了相同的 OBE 理念作为其认证的核心概念。在过去的 30 多年里，OBE 理念已经得到了《华盛顿协议》《悉尼协议》和《都柏林协议》签约成员的普遍认同和采用。

（三）OBE 理念与我国高等职业教育改革的相关性

随着新时代我国社会主要矛盾的转化，职业教育的主要矛盾也已经发生转变。人

民群众对"上好学"的需求与不满足"有学上"的矛盾和经济社会发展对职业教育"优质、多层、多样"的需求与职业教育"不强、不活、不优"之间的矛盾已经成为当前我国职业教育的主要矛盾。高职院校的竞争越加激烈，毕业生就业前景不容乐观的问题逐步显现，人才供需结构严重失衡现象日益严重。因此，我国高职教育必须进行教育教学改革，其中改革重点之一就是人才培养直接面向市场、面向企业，根据企业和社会需要确定学生的培养目标，OBE 理念正符合这一改革需求。

从 2015 年年底国务院印发的《高等职业院校内部质量保证体系诊断与改进指导方案（试行）》提出的高职院校要坚持"需求导向、自我保证，多元诊断、重在改进"的诊改方针可以看出，高职院校在"十三五"建设期间的办学基本原则与 OBE 理念是相适应的。

OBE 理念的精髓是"学生中心，成果导向，鼓励成功，反向设计，持续改进"。从学生本身来看，应用 OBE 理念教育模式的终极目标是建立学生自我价值的实现途径；从外在需求和社会责任看，应用 OBE 理念教育模式始终是务实和现实的。所以应用 OBE 理念教育模式是国际职业教育的大趋势。

应用 OBE 理念能够让学校的人才培养目标更加符合企业和社会需求，改进高职院校自身改革人才培养方案，提高人才培养质量，符合当前我国高职教育推进人力资源供给侧结构性改革的内在要求。高职院校应用 OBE 理念进行教育教学改革，也更有利于国家特色高水平高职学校和高水平专业院校的建设工作，创新人才培养模式和改革课堂教学，提高人才培养质量，提升高职院校的服务能力和国际影响力。

2018 年以来，中共中央、国务院、教育部多次就职业教育发展改革印发文件，提出措施，指出要把职业教育发展摆在教育改革创新和经济社会发展的更加突出的位置，更好地对接市场需求，更好地服务现代化经济体系，为促进我国经济社会发展和提高国家竞争力提供人才支撑。

OBE 理念发展至今已有 30 多年，成为一个成熟的教育理论，完全可以指导我们对高职教育教学模式进行改革，不仅为我国高职教育进行人才培养改革提供了理论依据，也为高职院校进行人才培养改革实践创新提供了有效途径。OBE 理念无疑与我国高职教育教学改革是正相关的，应用 OBE 理念的教育模式终究会成为我国高职院校教育教学改革的重要实践。

四、应用 OBE 理念进行教育教学改革对高职院校的要求

（一）营造有利于应用 OBE 改革的氛围和环境

应用 OBE 理念进行教育教学改革是高职院校深化人才培养改革、提升人才培养

质量的重要途径，学校层面释放应用 OBE 理念改革的重要信号，让广大基层教师清晰认识到深化人才培养改革是高职院校发展的必然，学校层面对应用 OBE 改革的决心是坚定的。院校可以通过聘请专家讲座、开展推广性的专题培训、鼓励广大教师对 OBE 理念公开讨论等方式营造舆论氛围，创造让广大教师有积极主动参与意愿的环境，让广大教师深入了解和掌握 OBE 理念，从而在全校范围内对应用 OBE 理念改革的思路达成共识。同时，为提高改革成功率，营造的氛围环境必须是包容性的，甚至将 OBE 理念置于一种被广大教师理性质疑和批评的情境之中，倾听来自基层教师的声音，与广大教师建立广泛的沟通渠道，让广大基层教师认识到，改革的指向是有缺陷的传统教育教学模式，改革关系到学校未来的发展，应用 OBE 理念进行改革会给学校发展带来积极影响。

（二）做好应用 OBE 理念进行改革的顶层设计

应用 OBE 理念进行教育教学改革是一项复杂的系统工程，牵一发而动全身。对高职院校尤其是广大基层教师来讲，应用 OBE 理念目前还没有完全成熟的经验可以借鉴，因此，首先必须做好顶层设计。顶层设计需要高职院校以现有人才培养模式与 OBE 理念的差别为导向，以凝聚广泛的共识和培育学校的基层驱动力量为基础。这需要高职院校站在全局的角度，集中有效资源，对应用 OBE 理念进行各方面、各层次、各要素的统筹规划，对应用 OBE 理念进行教育教学改革的目标、项目和实现目标的实施路径进行自上而下的设计，规划路线图，出台政策措施，建立保障体系，综合考虑学校内部各要素之间的匹配和有机衔接。顶层设计表述尽量简洁明确，具有可操作性和实践可行性，顶层设计时可以采用首批选 1~3 个专业和若干课程进行试点，试点成功后再分批实施的办法，为各基层探索创新留出足够的空间，敢于放手让广大基层教师去探索和实践，这样才有助于推动和促进 OBE 理念的应用。

（三）为应用 OBE 改革提供必要的机制和政策保障

为应用 OBE 理念进行教育教学改革顺利进行，高职院校应在学校层面成立 OBE 项目建设领导小组，对改革实施统一领导部署以及验收管理，出台相关管理办法和规范，聘请相关专家进行指导。所有项目从立项开始，经历建设和最后验收，实施学院项目建设领导小组、项目建设二级单位负责人、项目负责人三级管理体系，配套机制和规范建设，以确保 OBE 建设项目的开展和完成。

院校要建立能支撑 OBE 理念培养要求的教学环境和条件，完善课程资源开发与建设及实训基地建设，提升实训条件水平。其条件不在于有多好，关键是能够为应用 OBE 理念进行人才培养模式改革提供支撑，这与目前我国职业教育改革和深化产教融合的要求是一致的。

学校还要通过鼓励应用 OBE 理念进行专业建设和课程建设调研、应用 OBE 理念进行教育教学改革专项课题立项、进行 OBE 理念和专业认证等，为应用 OBE 理念进行改革提供必需的资金配套支持，调动广大基层教师的积极性，使 OBE 理念的推行具备必要的政策支撑、物质保障和实施基础。

（四）加强基于学生需求的师资队伍建设

首先，项目建设院校要组建应用 OBE 理念的项目改革开放骨干团队，对其进行 OBE 理念和方法上的培训，形成高素质的 OBE 建设骨干队伍，在学校应用 OBE 理念教学改革与实践中起到引领和示范作用，以满足应用 OBE 理念进行专业改革和课程开发设计先行试点的需要。其次，以"老"带"新"，通过骨干队伍对广大教师进行 OBE 理念普及型学习和有针对性的培训，形成具有创新意识和熟悉专业领域的 OBE 建设队伍普及型梯队，这是高职院校应用 OBE 理念实施教育教学改革的重要力量。最后，为提升学生的学习热情，高职院校必须围绕中青年教师技能培训，围绕教师的沟通能力、实践经验和创新能力、教师的教学能力水平，积极扩大"双师型"教师比例，提升学校师资队伍的整体素质，这是基于学生需求的师资队伍建设的基础。

广大基层教师作为高职院校教学过程的主要组织者，是保证基于 OBE 理念开发的课程教学和单元教学在全校得以顺利实施的关键，也是应用 OBE 理念进行教育教学改革能否取得实效的关键。

（五）变革现有的传统教学模式及评价体系

高职院校要提升应用型技术技能人才培养质量，必须改变原有的"以教师为中心"的理念，摒弃传统的"以教为主，以学为辅"的教学模式和"师生地位不对等"的做法。传统的教学模式在很大程度上忽视了对学生创造性思维和个性化发展的培养，高职院校必须首先打破原有的思维定式，变革原有的传统教学模式，教师必须进行角色转换，将传统的"以教师为中心"向"以学生为中心"转变，使学生在教学活动中真正发挥主体作用，教师为主体向以学生为中心转变，强调学生为核心的主体地位，以学习成果为导向，反向设计，正向实施，持续改进教学过程，形成阶段性的持续改进的教学模式。传统评价体系强调比较性评价，而 OBE 强调自我比较的达成性评价。OBE 强调的是是否已经达到了自我参照标准，而非评价结果的横向可比性。

到 2035 年，我国一批高职院校要达到国际先进水平，引领职业教育实现现代化，成为支撑国家战略和社会经济发展的重要力量，高等职业教育任重道远。OBE 作为一种先进的教育理念已经成为工业发达国家教育改革的主流思想，对我国完善高等职业教育创新人才培养模式，促进高职院校人才培养从规模扩张向提高质量转变意义重大。

第七节　CIPP 在高等职业教育课程评价中的应用

课程是高职教育人才培养环节的基本载体，归纳了高职教育课程评价方案确定的原则，介绍了多种评价模式的特点，总结了 CIPP 模式背景、输入、过程、结果四个评价环节适用于高职课程评价的原因，满足了高职教育课程评价多元性、动态性和可操作性的原则。

高职院校提供的是以社会需求为导向的技能教育，其特点是培养专业技术性人才，具有注重实践的特点。随着课程在高职教育领域地位的不断提升，众多理论专家和教育学者都把研究重点放到了课程评价这一高职教育的重要环节上。对于高职院校而言，课程评价为课程的开发、实践、改革等过程指明了方向，同时也是提升课程质量的重要保障。

虽然目前众多高校都已意识到课程的重要性并尝试运用课程评价体系来提升课程质量，但由于目前各种评价模式具有多样性和复杂性，选择合适的课程评价模式具有一定困难。本节希望对目前普遍使用的几种课程评价模式进行介绍，探讨适合高职课程的评价模式，并简要分析其特点。

一、高职教育课程评价方案确定的原则

（一）课程评价的多元性原则

既要做到评价主体多元，又要做到评价标准的多元。从评价主体来讲，要尽量从各类人员当中，选取对高职院校课程评价有帮助的人参与到评价中来，比如，把毕业生、用人单位和第三方主体纳入评价主体，实现评价主体的多元化。从评价内容来讲，要采取定性和定量相结合的方式，如课程定位、课程实施理念等指标适合定性评价，课程实训条件、课程师资队伍情况等指标适合定量评价。在评价方法方面，要综合运用自我评价、学生互评、教师点评和用人单位评价等方法来丰富评价形式。评价标准方面，评价不再采用一元化的标准，而更关注学生的素质、情感和能力等全方位发展。

（二）课程评价的动态性原则

课程的发展具有过程性，高职课程由于与社会需求紧密联系，更需要为了满足社会对学生专业素质的需求而不断变化，这也就决定了课程的评价模式不是一成不变的。通过评价能对之前的教育情况加以总结，对目前的教育实践进行判断，对未来的教育趋势进行预测。可以说，高职的课程评价为课程紧紧抓住社会对毕业生的需求变化提供了有效手段。

同时，高职的课程开发不是一蹴而就的，有一个逐渐完善的过程，这就需要针对课程发展进行多次评价，每一次评价都为下一次评价提供经验和资料，使得课程的建设质量呈现螺旋式动态上升的趋势。

（三）课程评价的可操作性原则

高职课程由于面向广大高职学生，因此教学内容中实践教学占的比重较大，其评价目标也不能仅从学生满足理论上设想，而应该考虑到课程实施的具体情况，制订具有可操作性的评价方案。

高职课程的可操作性主要包括简明和可测两方面。课程评价的简明性要求在指标设置过程中注意数量上的精简和准确，同时评价指标要紧紧围绕评价的目的而设定，舍弃对整个评价体系构建作用不大的评价指标。高职课程的类型具有多样性，更需要化繁为简，严格遵守简明性原则，保证最终的各级评价指标清晰明确。课程评价的可测性要求对评价指标中的定性指标的判定标准尽量使用客观精准的描述，避免在进行定性指标分析时由于内容的不可测而导致评价结果含混模糊，使定性和定量指标共同有效地为课程评价服务。

二、高职教育课程评价方案的选择

课程评价的研究最早由国外开始，至今已逐渐形成了独立的研究领域并仍在不断完善。20世纪30年代，美国对教育评价进行了8年的研究，对教育评价的基本模式进行不断探索，各种课程评价理论和模式不断涌现。我国于20世纪80年代初，引入了国外教育评价理论与方法，并在课程评价领域进行了深入的研究和广泛的应用，促进了我国课程评价水平的提高。

鉴于各种评价模式发展的历史阶段及评价理念、手段和功能均不相同，在此需对常见的评价模式的特点加以介绍。

（一）目标评价模式

美国教育家拉尔夫·泰勒（R.W.Tyler）在美国"目标运动"的基础上提出了目标评价模式。这种评价模式实质是将课程的完成情况与预先设定的目标进行比照，以明确目标的达成情况，强调评价的客观性，同时评价手段由传统的纸笔测试发展为以访谈、问卷调查、活动记录、行为观察为主的全面评价。这种评价模式更多地注重对评价结果的分析，能够利用评价结果对之后的课程改进起到一定效果，但是该模式将预先设定的目标作为单一标准，同时很多目标又难以量化评估，导致整个评价过程具有封闭的属性，形成性功能不足，缺乏对整个实施过程的全面诊断和激励。

（二）差距模式

普罗沃斯（M.M.Provus）在对泰勒的目标模式存在的问题进行反思后，提出了课程评价的差距模式（Discrepancy Evaluation Model），确立了"方案评价"的概念。这种评价模式的本质是将课程标准与学生表现相对照，从中获取相应的差距信息，并通过分析差距信息决定课程是否需要进行改进或停止开发。差距模式从本质上说是目标评价模式的一种改进，有助于对评价差距进行总结，并对差距形成的原因进行归纳，从而有效地调整课程开发进度及花费。但是其没有避免目标评价模式的弊端，把教育评价的标准仅局限于目标完成的差距上，而忽略了学习主体的自主意愿和学习者的个体差异，容易导致评价结果的失真。

（三）目标游离模式

美国教育家斯克里文（M.Scriven）针对目标评价模式所存在的不足提出了目标游离（goal-free）评价模式。由于目标评价模式预设的目标难以根据不断变化的实现过程加以调整，目标预期效果和实际效果通常有较大差距，因此目标游离模式在其基础上加以改进，让评价者不受预定目标的影响，根据教学实践的自我感受得出更贴近实际的评价结论。这种模式对参与者的认知水平有较高要求，评价结果容易受到参与者主观情感的影响，从而影响评价的科学性。

美国教育家斯塔弗尔比姆（D.L.Stufflebeam）及其同事于 1967 年提出了 CIPP 评价模式，该模式在泰勒的目标评价模式的基础上加以改进，是将背景评价（Context Evaluation）、输入评价（Input Evaluation）、过程评价（Process Evaluation）和结果评价（Product Evaluation）组合而成的一种评价模式。这种模式强调评价的过程，涉及教学的事前、事中和事后等多个环节，认为目标本身是否合理也需要进行判断，在教学过程中对目标也需要不断修改和完善。CIPP 评价模式与课程决策密切相关，考虑了目标设置合理性的问题，是一种改良取向的模式，评价过程不再受评价标准的束缚，而更加关注学习主体本身。这种模式既克服了目标评价模式中评价环节的封闭和评价标准的单一，又克服了目标游离模式对评价者素质的依赖，是一种更具广泛性和适用性的评价模式。

三、CIPP 评价模式适用于高职课程的评价

（一）为高职课程开发确立了基础

背景评价是课程开发的源头工作，是对课程自身的诊断性评价，它强调首先确定评价对象需要，然后根据评价对象的需要对课程目标本身的一致性进行判断。背景评价运用文献评论、德尔菲法、系统分析、座谈测验等方法解决了如下问题：高职课程

开发总目标是什么、具体目标是什么、高职课程开发的必要性如何等。背景评价决定是否需要开发一种课程，为高职课程的开发决定提供了依据。

（二）为高职课程发展完成了准备

输入评价是对课程方案的可行性评价，对各项备选方案在背景目标吻合度、财政预算、工作日程安排、资源配置情况等方面进行评价，加以整合，形成一个满足目标达成要求的方案。输入评价运用文献研究、访谈调研、对比分析等方法解决了如下问题：高职课程内容的设置与课程目标是否匹配；课程结构是否符合高职教学特点及要求；课程资源和预算是否充足等。输入评价为高职课程的实施完成了准备，是高职课程评价能够顺利进行的必要条件。

（三）为高职课程实施提供了保障

过程评价是一种跟踪式的动态评价，是对课程方案实施过程连续不断地监督、检查和记录，其目的是为了反馈在课程实践中存在的问题与不足，为课程方案后续的修改和完善提供依据。过程评价运用跟踪听课、现场观察、座谈等方法解决了如下问题：高职课程教师教学组织是否完善；教学方法是否适用；学生的课堂学习表现是否积极等。这一评价过程需要与方案的受益人密切配合获取相关资料，它是课程教学过程的实际状况评价，也是高职课程评价的核心工作。

（四）为高职课程质量形成了反馈

结果评价是对目标达到程度所做的评价。结果评价运用学生自评、同学互评、教师评价、社会评价等方法解决了如下问题：高职课程学生知识获取和职业能力提升是否明显、课程是否具有可持续性和可推广性、毕业生就业品质是否提高等。结果评价是整个评价过程的最后一个环节，考察的是高职课程的受益人的需求是否得到有效满足，会为下一步高职课程开发的决策指明方向。

综上所述，CIPP 模式的评价不是为了将学生水平进行等级划分，而是从促进学生学习效果的实际出发，不断完善和改进课程实施的各个方面，以满足高职课程需要。关注课前、课中和课后的需要，这和高职课程强调教师与学生的实践互动的核心思想高度吻合。相比其他评价模式，CIPP 评价模式更能满足高职课程评价多元性、动态性和可操作性的特点，更适用于高职课程多维度的全过程评价。

参考文献

［1］汤晓军.中国高等职业教育国际化研究［M］.苏州：苏州大学出版社，2021.

［2］周建松.高等职业教育高质量发展研究［M］.杭州：浙江大学出版社，2020.

［3］涂凯迪.高等职业教育管理理论与实践创新探索［M］.长春：吉林人民出版社，2022.

［4］周建松.高等职业教育优质学校建设综论［M］.杭州：浙江工商大学出版社，2019.

［5］陈虹，赵志强.高等教育改革与建设［M］.北京：文化发展出版社，2021.

［6］马陆亭.高等教育研究的价值［J］.北京教育（高教），2023（1）：23.

［7］王建华.高等教育改革的迷思与反思［J］.华东师范大学学报（教育科学版），2023（1）：75-88.

［8］数字变革推动高等教育创新发展［J］.中国教育网络，2023（C1）：3-5.

［9］王迎.高等教育管理与教学创新研究［M］.哈尔滨：黑龙江科学技术出版社，2023.

［10］贺天舒.高等教育信息化的改革与创新研究［M］.北京：中国商务出版社，2023.

［11］周欢伟，黎惠.高等职业教育创新型系列教材 创新思维与创业管理［M］.北京：北京理工大学出版社，2023.

［12］郭彩华，吕京.高等教育管理与教学创新研究［M］.北京：经济管理出版社，2023.

［13］涂凯迪.高等职业教育管理理论与实践创新探索［M］.长春：吉林人民出版社，2022.

［14］吴砥，索峰.高等教育及职业教育创新实践案例集［M］.武汉：华中师范大学出版社，2022.

［15］王官成，吕红刚.高等职业院校职业素质教育改革创新教材 新时代高职学生劳动教育［M］.北京：高等教育出版社，2022.

［16］崔新有.统筹职业教育、高等教育、继续教育协同创新的新使命、新路径［J］.

终身教育研究，2023（1）：3-9.

　　［17］李彦．加快职业教育、高等教育、继续教育协同创新步伐，提高服务学习型城市建设水平［J］．天津职业院校联合学报，2023（1）：3-6，16.

　　［18］董泽芳，张尧．中华民族伟大复兴与高等教育创新［J］．深圳职业技术学院学报，2023（3）：3-9.